자유의 선용에 대하여

Entretiens sur le bon usage de la liberté

Copyright © Éditions Gallimard (Paris), 1948
Korean Translation Copyright © Ireunbi Publishing Co., 2018
All rights reserved.

This Korean edition was published by arrangement with Éditions Gallimard (Paris) through Bestun Korea Agency Co., Seoul.

이 책의 한국어판 저작권은 베스툰 코리아 에이전시를 통해
갈리마르 출판사와 독점계약한 (도서출판) 이른비에 있습니다.
저작권법에 따라 한국 내에서 보호를 받는 저작물이므로
무단 전재와 무단 복제를 금합니다.

이 도서의 국립중앙도서관 출판예정도서목록(CIP)은 서지정보유통지원시스템 홈페이지(http://seoji.nl.go.kr)와 국가자료공동목록시스템(http://www.nl.go.kr/kolisnet)에서 이용하실 수 있습니다.(CIP제어번호: CIP2018007785)

JEAN GRENIER　ENTRETIENS SUR LE BON USAGE DE LA LIBERTÉ

장 그르니에
자유의 선용에 대하여

김웅권 옮김

이륜비

자유와 무위의 만남
· 옮긴이의 말

장 그르니에는 특히 『섬』의 저자로 국내에 잘 알려진 프랑스의 철학자이자 에세이스트이다. 그는 일상의 평범한 사물에서부터 인간 삶의 근원을 살피는 철학적 문제에 이르기까지 깊이 있는 사유를 전개하고 많은 글을 남겼다. 특히 그의 산문을 좋아하는 이라면 그 고요한 정신의 언어를 떠올릴 것이다. 거기에는 존재의 불안을 다독이는 내적인 힘이 있어 주의주장이 넘치는 어떤 글보다 설득력을 지닌다. 한편 그에게 사고란 단순히 이성과 개념의 차원이라기보다 감각 세계의 진실을 확인하려는 쪽에 기울어 있다. 그것은 프랑스 북서 해안의 브르타뉴 출신인 그르니에가 일찍이 바다를 통해 체득한 감성이다. 바다는 그에게 변화와 무無의 감정을, 세계의 덧없음과 삶의 충만함을 가르쳐주었다. 훗날 교사 생활로 나폴리, 알제, 알렉산드리아 등지를 떠돌 때에 발견하게 된 지중해 세계는 그의 사유를 한층 더 풍요롭게 했고, 자신의 제자인 알베르 카뮈에게 큰 영향을 미쳤다.

이 책은 도덕철학을 다룬 그르니에의 대표적인 작품이다.

원서 *Entretiens sur le bon usage de la liberté*를 직역하면 '자유의 선용에 관한 대화'라 할 수 있다. 제목에 '대화*entretiens*'가 들어간 이유는 그르니에가 자유라는 대주제를 성찰하면서 근대의 인본주의와 현대의 실존주의를 중심으로 고대의 그리스 정신에서부터 중국의 도가철학까지 다양한 사상들과 폭넓은 지적 대화를 펼치고 있기 때문이리라. 따라서 독자는 이 책을 통해 지구촌적인 차원에서 자유와 관련된 사상을 편력하면서 깊은 사색의 시간을 누릴 수 있다.

그르니에의 인문적 사유는 자유를 위한 투쟁에서 시작하는 게 아니라 자유가 이미 쟁취되었다는 가정에서 출발한다. 그런데 우리가 진정 자유롭다는 것은 무엇을 말하는가? 시공간적으로 처해 있는 상황이 배제된 자유는 존재하지 않는다. 언제나 어떤 상황을 전제한 자유를 이야기할 수밖에 없다. 이것이 우리의 실존적 조건이다. 아마 대다수 사람들은 '내'가 욕망하는 것을 추구할 수 있는, 구속 없는 상태를 자유로 느낄 것이다. 그런데 그 욕망의 대상이 학습되고 세뇌된 집단적 가치를 반영하는 것이라면, 이는 이미 외부에서 내 안에 침입해 나의 자유를 구속하는 기제로 작용한다고 해야 하리라. 따라서 다른 사람을 모방하는 자유가 아니라, 진정 '나' 자신이 되고자 하는 자유가 참다운 자유이다. 그러니까 모든 외부의 가치체계를 무화시켜 그 어떠한 기성의 관념에도 물들지 않고 내가 진정으로 원하는 바를 추구할 수 있어야 한다. 인간으로서 자아를 실현한다는 것은 자신의 현재를 초월하는 무언가 가치 있는 일을 하여 보람을 느끼는 행위이다. 하지만 내 행동의 모든 가치적 준거를 상실했기에 '자유에의 길'은 '불안'이 따를 수밖에 없다. 뿐만 아니라 무언가 가치 있는 대상을 원하거나 창조하는 욕망 그 자체 때문에 괴롭다면 이미 자유롭지 못한 것이다. 자유는 구속으로 바뀌고 만다. 그래서 자유의 최고 단계는 내 욕망으로부터의 자유이리라. 그것은 어떤 상황이 되었든 욕망을 따를 수도 있고 제어할 수도 있는 심적 상태를 말한다. 그때 자유는 도道의 경지로 비상한다.

제3부에서 그르니에가 노자 『도덕경』의 도와 무위無爲 사상을 중심으로 전개하는 자유론은 우리 동양인들이 자유에 대해 가지는 '서양 중심적인 사고'에서 벗어나게 해주는 귀중한 기회를 제공한다. 그것은 서구문명이 도달한 절정의 사유의 지평에서 다가오는 동양의 엘리트 사상에 대한 찬미와 경의를 담아내고 있다.

서양에서 문화의 발전적 전개과정은 가치들의 위계적 질서를 정립하는 수직적 사유로부터 가치들의 병렬적 관계를 주장하는 수평적 사유로의 이동을 보여준다. 고상한 일을 하는 사람과 천한 일을 하는 사람의 구분 자체가 사라져가는 사회가 도래한 것이다. 그 어떤 가치도 다른 가치보다 우월하거나 그것을 대체할 수 없다는 이념이 문화의 정점에서 떠오른 것이다. 이 이념을 좀

더 밀고가면, 가치들은 모두 동등하기 때문에 어떤 가치도 대단한 것으로 내세울 수 없는 탈중심적인 정신세계에 이른다. 무언가를 대단한 가치로 생각해 추구하겠다는 욕망 자체로부터 벗어난 자유로운 무심의 상태에서 마음 가는 대로 행동하고자 하는 완전한 자유는 이상적 유토피아를 향해 역사적으로 전진해온 금욕의 세월 끝에서 발견할 수밖에 없는 필연적인 결과물이 아닐까. 이 자유가 무위의 현대적 부활을 통해 조명되고 있다.

자유의 관점에서 볼 때, 노장사상이 이와 같은 독보적인 위상을 차지할 수 있다는 사실이 얼마나 놀라운가? 도가철학이 이처럼 서양의 현대사상과 만나 새로운 빛을 뿜어내는 현상 앞에서 우리는 우리의 사상적 보고寶庫를 현대적으로 '정복'하여 '부활' '변모'시키는 숙제와 마주한다.

이 책은 거의 30여 년 전에 『자유에 관하여』(1989, 청하)라는 제목으로 번역되어 나와 당시 꽤 많은 독자로부터 사랑을 받은 바 있다. 그런데 이번에 참고하기 위해 원서와 대조해보았는데 놀라움을 금할 수 없었다. 그것은 번역서라기보다 일종의 해설서에 가까웠다. 우리말로 철저하게 의역해놓았을 뿐 아니라 원서에 없는 내용까지 과하게 덧붙여 이야기체로 풀어감으로써 번역서의 한계를 넘어섰다는 생각이 들었다. 오역도 여기저기 눈에 띄었다. 이런 사정으로 역자는 가독성을 최대한 높이되 무엇보다 원서에 충실한 번역에 초점을 맞추기로 했다. 특히, 번역과 관련하여 아래 세 가지 점만 언급해두고자 한다.

우선 그르니에는 도입부에서 자신의 '의도와 구상'을 기술하고 있는데, 1부와 2부를 이야기한 뒤에 갑자기 모든 것을 중단해 버린다. 아마 그는 책을 다 집필해놓고 이 부분을 썼는데, 그러다 보니 내용을 다시 반복하는 것 같아서 그런 결정을 내리지 않았을까 한다. 역자는 그르니에가 생략한 제3부 내용을 간략히 정리해 넣어 구성을 맞췄다. 두 번째, 본문에서 일반 독자들이 읽는 데 다소 어려움을 느끼리라 생각되는 부분에 약간의 설명을 추가했지만 별도의 표시를 하지 않았다. 그런 부분이 많지 않기 때문에 독자가 자연스럽게 읽어갈 수 있도록 한 것이다. 세 번째, 프랑스어로 번역된 노자의 『도덕경』에서 그르니에가 인용한 구절들을 다시 번역할 때 문제가 발생했다. 사실, 이 고전의 우리말 번역본들도 역자마다 조금씩 차이를 드러낸다. 따라서 문화권이 다른 프랑스어로 옮긴 번역서에 오역이 있을 수 있음은 어쩌면 당연하다. 역자는 우리말 번역본을 참조하여 약간의 수정을 가했다. 이상, 독자의 양해를 구한다.

끝으로 번역을 꼼꼼하게 교정하여 윤색해준 박희진 이른비 대표께 감사드린다.

2018년 2월

김웅권

차례

자유와 무위의 만남 | 옮긴이의 말   5
의도와 구상   13

제1부 존재와 자유
   1 선택   23
   2 포기   45
   3 참여   67
   4 벗어남   91

제2부 존재와 운명
   1 개인적 운명   115
   2 목적지   141

제3부 도에 따른 무위
   1 일러두기   171
   2 역사적 일별   173
   3 무위   181

부록 1 정적과 무위   213
부록 2 활동과 무위   226

■ 지은이 주는 '3*'과 같이 참조번호에 별표(*)를 하여 구별했고, 그 나머지는 옮긴이 주이다. 지은이 주 안에서 덧붙인 옮긴이 설명은 〔 〕괄호로 표시했다.

의도와 구상

이 책의 집필 의도와 구상에 대해 간략히 언급하고자 한다. 우선 자유와 관련해 두 가지 질문을 던질 수 있다. 첫 번째, 인간은 자유로운가? 두 번째, 인간이 자유롭다면 자유를 어떻게 선용善用하고 그 자유로 무엇을 할 수 있는가? 이 책에서 첫 번째 질문은 다루지 않을 것이다. 그 대신 많은 현대인들과 마찬가지로 "행동의 근본적 조건은 자유이다"[1]라는 말을 받아들이며 시작할 것이다. 이런 전제 아래 자유에 관한 이론적인 문제가 아니라 윤리적인 문제를 제기할 것이다. 자유가 윤리적인 문제이기 때문에 철학자들뿐만 아니라 대부분의 사람들에게도 중요하다. 보쉬에[2]라는 인물은 야망에 대해 설교하면서 눈길을 끄는 이런 언급을 했다. "최고의 행복에는 두 가지가 필요하다. 하나는 자기가 원하

---

[1]* 장 폴 사르트르, 『존재와 무』, 제4부 제1장.
[2] 자크 보쉬에(1627~1704): 프랑스의 사제이며 신학자·정치가. 특히 명설교가로 이름을 떨쳤다. 왕권신수설을 주장하고 정통 신앙을 옹호했으며 정적주의靜寂主義(신비주의)를 주장하는 프랑수아 드 페늘롱과 논쟁했다.

는 것을 할 수 있는 능력이고, 다른 하나는 해야만 하는 것을 원하는 의욕이다. 두 번째 역시 꼭 필요하다. 왜냐하면 원하는 것을 할 수 없다면 자신의 의욕을 만족시킬 수 없듯이, 해야만 하는 것을 원하지 않는다면 의욕에 문제가 있기 때문이다."[3*] 보쉬에가 덧붙이는 말에 따르면, 원하는 것을 할 수 있는 것보다 의욕이 제대로 작동되게 할 줄 아는 것이 더 중요하다. "여러분이 원하는 것을 할 수 없는 까닭은 뜻밖에 일어난 어떤 원인으로 방해를 받았기 때문이다. 그리고 해야만 하는 것을 원하지 않을 때는 늘 그렇듯이, 틀림없이 여러분 자신이 타락하여 의욕 결핍이 일어나고 있는 것이다. 따라서 첫 번째 경우는 기껏해야 단순한 불행에 불과하지만, 두 번째 경우는 언제나 여러분 자신의 잘못이다."

뒤에 가서 드러나듯이, 자유로운 선택 가능성이 제기하는 근본 문제를 과소평가해서는 결코 안 되지만, 우리가 보쉬에보다 이 문제를 더 잘 말할 수는 없으리라. 행동의 방식 문제를 깊이 파고 들어가다보면 알 수 있듯이, 이 두 경우의 문제는 겉보기와 달리 밀접하게 연결되어 있다. 왜냐하면 우리는 실천상의 다양한 이유로 가능성의 영역을 축소시킬 수도 있고 확대시킬 수도 있기 때문이다. 요컨대 이 가능성의 영역은 미리 경험하기도 전에 선험적으로 규정지을 수 있는 것이 아니라 하겠다.

[3*] 성 아우구스티누스, 『삼위일체론』, XIII 참고.

제1부 존재와 자유

보통 글을 쓰는 저자는 자신이 자유롭다고 생각한다. 그는 자유로운 상태에서 무엇을 할까? 어떤 원칙에 따라 행동할까? 그리고 이 두 가지 각각의 경우 어떤 감정으로 움직일까?

1. 선택   어떤 결정이든 찬성과 반대를 내포한다. 우리가 뒤에 소개하게 될 첫 번째 일화는 (밀라노 역에서) 어디로 가야 할지 방향을 잃은 사람과 관련된 것이다. 어려움은 선택의 폭이 좁을 때도 여전히 존재한다. 어려움이 존재하는 위치가 이쪽에서 저쪽으로 바뀔 뿐이다. 두 번째 일화는 (저녁식사에 초대된) 상황에 처한 사람과 관련된 것이다. 자유를 어떻게 사용해야 할지 결정할 수 없는 이유는 최상의 결정만 하려고 하기 때문이다. 최상의 결정이 가능하다 할지라도 결국 최악으로 드러날 수 있다. 최상의 결정 바로 곁에는 차선책이 반드시 있게 마련이다. 나쁜 것이 좋은 것으로 이끌 수도 있다. 더 나은 것도 없고 모두가 똑같다고 생각할 경우도 상정해볼 수 있다. 그때 다음 세 가지 태도 가운데 하나가 취해질 것이다. 이도저도 아닌 애매모호한 태도, 번갈아 선택하는 태도, 상충적인 태도. 이런 태도들은 어느 쪽도 희생시키지 않고 둘 다를 얻기 위해 시도된다. 하지만 모두 타협안이지 해결책은 아니다.

2. 포기   지성적 통찰을 통해 선택의 길을 갈 수 없다면, 나 자

신의 자연적 성향에 나를 온전히 맡겨버리는 것이 나을지도 모른다. 이것이 자신을 단념해버렸기에 선택할 필요가 없는 자의 평온함이다. 이와 관련된 것이 (호텔 현관에서 전개되는) 첫 번째 명상 이야기이다. 깊이 생각할 필요 없이 행동을 결정하게 해주는 다양한 방법들에는 주사위 던지기, 제비뽑기, 점치기 같은 게 있다. 하지만 이런 방법들이 사회적·종교적으로 고착화되어 세습되고 세상의 질서가 되기도 한다. 여기에는 우연을 지성이 받아들일 수 있는 법칙으로 귀착시키고자 하는 인간의 바람이 담겨 있다. 각자가 자신의 자연적 성향에 따르고, 운명이 부여한 과업을 이해하려고 노력하지도 않은 채 수행하는 태도가 바람직할지도 모른다. 여기서 (식물과 관련된) 두 번째 명상 이야기가 펼쳐진다. 반론들도 제기된다. 우리의 사회적 직분이 우리를 완벽하게 규정해주지는 못한다는 것이다. 만약 규정해준다면 사회는 부동의 상태로 고정돼버릴 수밖에 없다. 인간의 특성과 그 자유의 본질은 아마 거부에 있으며, 나아가 어떠한 구속도 거부하는 존재의 과잉에 있다고 할 것이다.

3. 참여 근대 이전의 견해에 따르면 인간의 본성을 포함한 자연은 고정불변되어 있었다. 정말 그런가? 근대는 이런 주장을 부인했다. 19세기에 특히 신·사회·과학·예술에 대한 전통적 견해들에 문제가 제기되었다. 이제 사람들은 불변하는 인간 본성이 존재한다는 것을 더는 믿지 않는다. 그 결과는 이렇게 정리될 수 있다. 먼저

인간은 산업혁명을 이룩했기 때문에 많은 것을 할 수 있다. 다음으로 인간은 그 어떤 것에도 제약을 받지 않기 때문에 모든 것을 할 수 있다. 나아가 인간은 본성이라는 것을 더 이상 갖고 있지 않으며 다만 상황적 조건만 있다. 하지만 언뜻 보기에 인간은 안정적인 모습을 보이지만 그 속에는 총체적 불안이 숨어 있다. 이와 관련된 첫 번째 일화가 휜개미집 이야기이다. 모든 것이 파괴되었기 때문에 어떤 절대적인 극도의 불안이 감돌고 있지만 그 상황이 주는 실질적인 이점들에 대해서도 논의해야 한다. 모험심과 현대적 파괴정신이 나란히 간다. 프로메테우스와 니체가 나란히 간다. 두 번째 일화는 시라쿠스 섬의 노파 이야기이다. 자유의지에 따른 임의적 결정에 대해 이론적인 논의가 펼쳐진다. 이러한 결정은 되는대로 놔두는 방임과 마찬가지로 정당화될 수 없다. 돈키호테와 산초 판사의 논쟁이 이를 뒷받침할 것이다.

4. 벗어남 자신이 어디에 구속되는지도 모르면서 제멋대로 결정해 어떤 행동에 뛰어들 수는 없다. 그렇게 할 경우 광적인 행동은 절망을 불러올 수 있다. 인간의 그 어떠한 가치도 최상의 가치인 신에게서 너무나 멀어져 있기 때문에 중요하지 않을 수 있다(말라마티야의 기도 이야기). 또한 그 어떠한 가치도 하찮으며 다른 가치로 대체될 수 없다는 주장도 있다(도가 신봉자의 기도). 그렇다면 우리는 어떤 가치를 인정하거나 어떤 가치를 창조하는 행동에서 벗어날

수 있을까? 어렵기는 하지만 가능하다고 말할 수 있다. 그런 태도에 어떤 이론적인 이점이나 실질적인 이점들이 있는지 살펴볼 수 있다. 인간이 자유를 사용할 수 있는 최상의 방법은 자유를 전혀 사용하지 않는 것일 수 있다. 그냥 운명에 맡기는 것 말이다.

제2부 존재와 운명

1. 개인적 운명   (고대인의 견해인) 초월적 운명(le *Destin*)은 인간의 외부에 있다. 그것은 점술을 통해서 알 수 있으며 인간의 능력으로는 어쩔 수 없다. 반면에 (근대인의 견해인) 개인적 운명(la *destinée*)은 간접적으로 알 수 있고 다루기 쉬운 내적 숙명이다.

의식conscience에 대한 두 번의 검토가 이루어질 것이다. 첫 번째는 자기 자신에 대한 검토이고 두 번째는 다른 사람들에 대한 검토이다. 이를 통해 우리는 이 내적 숙명인 개인적 운명을 알아볼 수 있고 통제할 수 있는지 살펴본다. 자유를 행사한다는 것은 자신의 개인적 운명이 지시하는 방향으로 가고자 노력하는 일이다. (나아가 근대인들은 초월적 운명을 역사적 의미로 재확립까지 했다.)

2. 목적지   자신의 개인적 운명을 좇는다는 것은 이 운명이 '우리라는 공동체에' 나타내는 가치를 넘어 그 자체로 가치가 있음을 의미하는가? 그렇지 않을 수 있으며 인류는 목적지가 없을 수도 있다.

첫 번째 입장 표명은 낙관주의 자체를 나타낸다. 게다가 삶이 미리 주어진 의미가 없다면 인간은 언제나 삶에 의미를 부여할 수 있다. 가치는 발견되는 게 아니라 창조된다. 따라서 인간은 세상에서 자기 자신의 운명을 확보할 수 있다. 하지만 가치를 창조하는 자신의 능력에 대해 잘 생각해보면, 가치가 공허하다는 것을 알 수 있다. 그런데 결국 인간의 본질이 이러한 가치 창조 능력에 있음이 드러난다. 따라서 인간의 자유는 필요한 것을 사랑하게 할 수 있을 뿐이다.

여기서 제2부 내용을 지극히 축약해 전달하는 소개는 일단 마친다. 오히려 독자에게 책을 읽고 싶은 마음을 빼앗지 않을까 염려해서이다. 이 점 독자의 이해를 구한다.

제3부 도에 따른 무위

인류 사상사에서 자유와 관련해 하나의 봉우리를 형성한다고 생각되는 노장철학에서 도道와 무위無爲를 고찰하는 기회를 가져본다. 서양사상에서 자유와 동양사상에서 자유를 비교 검토하는 작업도 수행해본다. 따라서 도와 무위는 '자유의 선용'이란 주제로 펼쳐내는 나의 사유에서 대미를 장식하는 셈이다. 이 정도로 개괄적인 구상을 마치고자 한다.

제1부

존재와 자유

밤에서 벗어나고 있지만 아직 아침은 아닌 이 시각, 나는 침묵과 어둠에 힘입어 완벽한 균형감을 누린다. 간밤에 일어난 일은 더 이상 중요하지 않다. 오늘 일어날 일은 아직 존재하지 않는다. 나는 내 안에 떠오르는 풍부한 가능성들 앞에서 전혀 흔들림 없이 어느 쪽으로도 기울지 않은 채 저울대 위의 중심에 있다. 하지만 문아래 한 줄기 빛이 아침을 알리게 되는 순간, 나 자신이 어느 쪽으론가 기울지 않을 수 없는 필연성으로 인해 내 마음은 이미 찢겨져 있다.

1
선택

찬성과 반대

지적인 사람은 글을 쓰려거나 말을 하려고 할 때 불안을 느낀다. 말라르메[1]가 "흰 종이의 현기증"이라 불렀던 것에 사로잡힌다. 그에게는 온갖 가능성이 열려 있기에 생각이 깊어지고 지식이 확장됨에 따라 자기 이전에는 아무도 짐작하지 못했던 영역들을 발견한다. 이것에 대해 이야기할까, 저것에 대해 이야기할까? 이 주제, 아니면 저 주제로 글을 쓸까? 왜 저것보다는 이것인가? 모두가 똑같이 좋지 않은가? 그는 이런 문제들에 봉착한다.

그렇게 탐험가는 뱃길과 육로, 산과 계곡, 겨울과 여름 사이에

---

[1] 스테판 말라르메(1842~98): 프랑스 상징주의를 대표하는 시인. 그는 언어의 마술을 통해 시를 쓰려는 시인이 백지 앞에서 드러내는 고뇌를 누구보다 깊이 체험했다. 장시 『목신의 오후』 『던져진 주사위』 등이 있다.

서 망설인다. 어떤 것을 찬성하고 어떤 것을 반대하는 나름의 아주 좋은 이유들이 있다.

　교수인 나 자신으로 돌아가 생각해볼 때 이런 질문을 할 수 있다. 나는 상투적인 것을 선택해 다룰 것인가? 하지만 그런 선택을 하게 되면 나의 직분을 배반하게 된다. 내 직분은 무언가 대단한 것을 가르치고, 따라서 새로운 것을 말하는 일이기 때문이다. 그럼 더 나아가 이런 질문도 제기된다. 이 무언가 대단한 것은 모두가 이해할 수 있을까? 하지만 모두 이해할 수 있다면 그것은 흥미를 끌지 못할 위험이 있다. 그렇다면 작가나 연사는 특별하고 희귀한 주제를 택해야 하는가? 그렇다고 이 같은 주제가 다른 주제보다 그를 어떤 진리에 더 가까이 다가가게 해주지는 못할 것이다. 종교소설이 연재 통속소설보다 (적어도 선험적으로는) 더 큰 가치가 있는 것은 아니다. 그는 선택된 어떤 문제가 어떻게 다루어졌는지 그 내력을 이야기해야 하는가? 하지만 그렇게 되면 이 문제에 대답하는 것을 회피하게 되지 않을까? 그리고 그가 하나의 문제를 다루게 되면, 이 문제로 또 다른 문제들을 끌어들이지 않을까? 다시 한 번 말하면, 어째서 다른 것에 우선해 하나의 주제를 선택한단 말인가? 임시변통의 시사적인 주제를 다루면 되는가? 우리는 지금 영원한 진리들에서 멀어져 가고 있다. 그럼 영원한 진리들에 대해 이야기할까? 우리는 일상의 외양적인 모습을 통해서만 그것들을 파악할 수 있기에 이러한 반복적인 일상 속에서는 어느 것이 영원히 지속되고 어느 것이 덧없이 지나가는지 구별할 수가 없다.[2*] 일단 주제가 선택되면 그것을 어떻게 진술할까, 라는 형식의 문제가 남게 된다. 그래서 우리는 새로운 불확실성에 직면한다. 백지 앞에서 말라르메가 느꼈던 현기증이 이해가 된다.

콜레트[3]는 자기 아버지가 글쓰기를 매우 좋아했다고 이야기하고 있다. 그러나 아버지가 글을 쓰는 데 필요한 준비를 하느라 많은 시간을 흘려보내곤 했다는 것이다. 사실 이런 일은 자신의 결심을 지연시키기 위한 불가피한 행동이다. 종이, 펜, 색연필, 잉크 및 지우개, 금속 및 나무로 된 자, 잉크병, 풀과 글자를 지우는 칼 등을 구입하느라 시간을 보내다보니 글 쓸 시간이 남아 있지 않은 것이다. 평범한 보통사람들은 결심해야 하는 이 두려운 순간을 미루고자 핑계를 찾는 데 거의 일생을 보낸다. 하지만 어떤 결심이든 할 수밖에 없으며 그와 같은 필연성이 모든 비극의 근원에 자리한다.

티투스[4]는 베레니스^{Berénice}와 헤어지는 것도 로마 제국을 단념

[2*] 이를 증언하는 것이 신학 서적들이 매우 빨리 구닥다리가 된다는 것이다. 반면에 어떤 건축 양식의 창안은 그 가치를 간직한다.
[3] 시도니 가브리엘 콜레트(1873~1954): 프랑스의 여류 소설가. 여성적 관능성을 깊이 있게 파헤친 작품을 썼다. 주요 작품으로 『셰리』 『암코양이』가 있다.
[4] 프랑스 극작가 라신(1639~99)의 비극 『베레니스』의 등장인물로 로마 황제 티투스(기원후 39~89)를 모델로 하고 있다. 베레니스는 티투스가 사랑하는

하는 것도 가능하다고 생각하며 갈등한다. 장차 로마 황제가 되는 네로는 쥐니와의 관계에서,[5] 햄릿은 그의 어머니와의 관계에서, 안토니오는 클레오파트라와의 관계에서 그런 유사한 상황에 처한다. 이런 사례는 얼마든지 열거할 수 있다. 일상생활에서 우리는 매일 이처럼 난처한 상황에 봉착한다.

첫 번째 일화

누군가가 나에게 이런 이야기를 해주었다. 이탈리아 밀라노 역은 도시의 지정학적 위치 때문에 열차들이 유럽의 모든 방향으로 떠날 수 있었다. 그 남자는 역에 들어섰을 때, 자신이 리옹과 베를린으로도, 베네치아와 마르세유로도, 빈과 콘스탄티노플로도 갈 수 있다는 생각이 들자 끔찍한 불안에 사로잡혔다. 그는 출근해야 할 직장도 부양해야 할 가족도 없었으며, 아무런 구속도 없기에 이른바 자유로운 상태에 있었다. 물론 당연히 이 자유는 '특정한 상황에서 어떤 선택을 해야 하는 자유'가 아니었다. 이처럼 수많은 가능성이 있다는 생각에다 그 자신이 개인적으로 지닌 역량에 대한 강렬한 내면적 감정까지 있었다. 원하기만 하면 어디로든

팔레스타나의 여왕이지만, 로마법은 이국 여왕과의 결혼을 금지하고 있다.

[5] 라신의 비극 『브리타니쿠스』에서 네로가 정적이자 연적인 이복동생 브리타니쿠스의 약혼녀 쥐니Junie에게 드러내는 정념을 상기시킨다.

가는 기차표를 살 수 있다. 그러니 창구 직원도 나의 기분을 만족시켜주고 싶을 뿐이다. 그 직원은 흔히 미소 띤 가게 점원이 그러는 것과 달리, 가장 비싸고 가장 긴 여정을 권하지도 않으리라. 그는 나를 햄릿처럼 자유롭게 놓아둘 것이다. 바로 이 때문에 불안의 감정이 일어나지만 그것은 동시에 도취의 감정이다. 불안한 것은 내가 선택할 수 있는 경우의 수가 무수히 많기 때문이고, 도취되는 것은 내가 펼칠 수 있는 역량을 언제나 신선하고 온전하게 가지고 있기 때문이다. 하지만 이 역량은 사용함에 따라 약화되고 상실할 수도 있다. 이와 마찬가지로 르키에[6]가 이야기하는 어린아이는 손에 소사나무 잎을 들고서 자신의 힘에 경탄하면서도 그 힘을 행사하는 데 불안을 느낀다.

이처럼 인간이 수많은 가능성 앞에서 사로잡히는 현기증은 불안과 도취로 이루어져 있다. 우리는 지금까지 보통사람에 대해서만 이야기했다.

---

6 쥘 르키에(1814~62): 프랑스의 철학자. 그는 자유의 철학을 전개해 인간 주체의 진정한 창조적 사유를 드러냈다. 그의 「소사나무 잎」에서 어린아이는 소사나무 잎을 따려고 하는 순간에 느끼는 감정, 즉 자기 행동의 완벽한 주인으로 행동할 수도 있고 하지 않을 수도 있는 능력이 온전히 자신 안에 있다는 감정에 경이로움을 느낀다. 그르니에는 1936년 소르본에서 르키에 연구로 박사학위를 받았다.

두 번째 일화

더 말할 필요도 없이 우리가 이해할 수 있는 바, 의심이 많고 우유부단하여 끙끙 앓는 사람은 이런 무수한 가능성 앞에서 현기증을 느낀다. 내가 단순히 막스라 부르고자 하는 친구가 이야기해준 일화를 소개해본다. 그의 이야기는 이렇다.

나는 파리를 산책하다가 알프레드를 만났다. 알프레드는 나를 만나서 매우 기쁜 것 같았다. 그는 잠시 대화를 나눈 후 나에게 점심을 같이 먹자고 했다.
"그러지." 내가 말했다.
"자네한테는 저녁식사가 더 낫지 않나?" 알프레드가 말했다.
"자네가 굳이 원한다면 모를까, 전혀 아니네. 사실 난 아침부터 저녁까지 한가하네."
"나도 그래. 근데 그 때문에 골치가 아프네. 난 자네가 오늘 저녁 정말로 시간이 나는지 모르겠네. 어떤 다른 친구가 자네를 초대하면 자네는 받아들일 수도 있지 않나?" 알프레드가 말했다.
"아니야. 그럴 리 없네."
"그걸 어떻게 아나? 그리고 오랫동안 서로 만나지 못한 친구 사이인데 긴 대화를 나누기에는 저녁이 더 낫지 않겠나? 저녁이 터놓고 마음속 이야기를 하기에는 좋지. 낮에는 편하게 아무 이야기나 하기가 어렵지. 보통 그렇듯이 사업상 점심 약속은 가식에 불과한 호의 어린 격식으로 끝나게 마련이네. 저녁,―그는 몽상에 잠겼다가 다시 말했다―그래, 자네는 내가 저녁식사를 원한다고 믿겠지…… 하지만 사실 난 아무래도 상관없어. 난 자네 입장을 고려해서 말했네. 그래, 점심이나 함께하지."

나는 아무 말도 하지 않았다. 그러자 알프레드가 한탄했다.

"자네는 내가 지극히 난처한 의심을 하게 만들 심산이군. 그럼 할 수 없지. 점심이나 하자고. 그런데 어디서 할까? 좌안―우리는 센 강의 좌안에 있었다―에서 할까? 자네는 좌안을 좋아하지 않는다고? 훌륭한 카페가 즐비한 몽파르나스로 하지. 카페 벽에 걸려 있는 그림들이 예술에 대한 사랑을 열정적으로 드러내고 있지. (물론 반드시 바라보아야 할 필요는 없지만) 그 그림들은 이 사랑을 생생하게 증언해주네. 또 그곳에는 최신 작품들에 정통한 스칸디나비아인 고객들이 있지. 다만 걸리는 게 있다면, 사네가 몽마르트르에서 오래 살았다는 거야. 몽마르트르는 (센 강의) 우안이니, 자넨 그 활기찬 대중적 거리에서 젊은 날의 친구들을 다시 만날 수도 있겠지. 몽마르트르가 좋다고 한 마디만 하게나. 그럼 내가 손을 들어 택시를 잡을 테니."

이런 식으로 레스토랑에서도 똑같은 선택의 문제, 똑같은 망설임이 이어졌다. 어디서나 말이다.

독자는 이 두 일화가 극단적인 경우라고 말할지도 모르겠다. 그러면서 이렇게 반론을 제기할 것이다. 실제 삶에서 그런 일은 일어나지 않는다고. 인간이란 그가 존재한다는 사실만으로도 일정하게 정해진 형식이 있으며 둘 가운데 어느 한쪽을 선택하는 경향이 있다. 물고기는 날아야 할지 말지 같은 문제를 제기하지 않을 것이다. 또 새는 헤엄을 쳐야 하는 문제를 제기하지 않을 것이다. 인간은 저마다 처해 있는 상황이 있다. 우리의 활동은 무언가를 사용하고 또 다른 무언가에 대립하면서, 무언가를 기점으로 해서만이 이루어질 수 있다. 당신이 두 경우에서 묘사하는 선택, 그러니까 선험적으로 무차별적인 그런 선택은 망상이다. 인간은 자신의 선택이 절대적이 될 수 없는 상황에 늘 처해 있다. 그는 상황에 따라 또는 기질에 따라 이쪽보다는 저쪽, 어느 한쪽으로 기울어진다. 게다가 자유는 아무런 거리낌이 없는 '절대적인 자유로움disponibilité'을 말하는 게 아니다. 설령 그런 자유로움이 가능하다고 해도 말이다. 순수한 불확정적 상태라는 것은 카오스와 같다. 인간은 어떤 형식을 지니고 있으며 바로 그 형식에 맞추어 행동할 수가 있는 것이다. 자유를 절대적인 자유로움과 혼동해서는 안 된다.

이상과 같은 반박은 당사자가 자신의 상황을 통찰하고서 하는 선택, 다시 말해 과도할 정도로 깊이 생각하고 한 선택이 아니라면 아주 타당할 것이다. 여기서 '성 안토니우스[7]의 유혹'은 여전히 시사적이다. 왜냐하면 이 성자는 악마가 선택하라고 덫을 놓는 모든 정신적·육체적 유혹에 맞서 싸웠고, 마침내 영혼의 찬란한 비움에 도달하여 신의 무한과 영광을 비추는 거울이 되는 체험을 했기 때문이다. 자기를 완전히 '무화無化'시켜 신의 무한 속에 순간적으로 잠길 때, 그 어떤 선택의 가능성이 있겠는가. 사실, 그 어떤 선택의 가능성도 배제된다든가, 또는 선택의 가능성이 무한하다든가 하면, 아무 가능성도 없이 비어 있는 무나 마찬가지이다. 우리의 삶에서 선택은 이런 무의 상태에서 이루지지도 않으며 또 그렇게 이루어질 수도 없으리라. 이러한 무는 일정한 선택 가능성들로 계속적으로 메워지지만, 선택의 완전한 배제와 선택의 무한한 가능성 때문에 계속적으로 다시 나타날 수 있다.

그런데 선택의 가능성을 배제하는 이와 같은 '무화'에 이르는 과정에는 등급이 존재한다. 예컨대, 세상사에 대한 별 생각 없이 자연스럽게 움직이는 자, 즉 자연적 성향을 무의식적으로 따르는 사람은 다른 존재들과 톱니처럼 맞물려 있기에 선택은 어려움 없이 이루어진다. 따라서 행위의 최초 근원적 토대로 나타나는 간극, 즉 선택지들 사이의 간극은 별 의미가 없다. 하지만 미래의 선택 가능성들 사이에서 망설임의 틈이 의식적으로 보다 커지고

---

[7] 성 안토니우스(251~356): 이집트의 은둔 수사이자 성인. 사막에서 고행 명상하던 중에 악마로부터 받은 온갖 유혹과 시련을 극복한 것으로 유명하다.

이 틈의 지평이 무한으로 확대됨에 따라 그 간극은 중요해진다. 이때는 가치에 따른 윤리적인 문제가 실천적인 문제보다 우선하고 '무엇 때문에 행동하느냐'가 '어떻게 행동할 것인가'보다 앞선다. 따라서 행동의 문제에 보편적인 해결책이 제시될 수 없다. 매우 다양한 등급에서 행동은 주변을 모델로 해 이루어질 수 있는가 하면, 아주 멀리서 그럴듯한 토대나 근거를 찾을 수도 있다. 우리가 다만 여기서 검토할 대상은 제한된 경우에 해당하는 완전한 자유로움이다.

최상의 것, 차선의 것, 나쁜 것

우리가 볼 때, 선택할 수 없는 이유는 두 가지이다. 하나는 최상의 것이 무엇인지 결정할 수 없다는 그 불가능성이다. 다른 하나는 첫 번째와 결부되어 있지만, 가장 좋은 것만 대상으로 결심하겠다는 의지이다.

최상의 것을 결정하기 위해서는 자신에게 제공된 무수한 가능성 가운데서 바람직한 것을 판별할 수 있는 지혜가 필요하리라. 하지만 이런 지혜가 없기 때문에 주어진 장소와 시간에서 바람직한 게 무엇인지 알 수 없다. 다른 가능성에 대해선 말하자면 그건 별개로 또 다른 면을 드러낸다. 예컨대 하나의 지점에서 다른 지점으로 가기 위해서 최선의 방법은 가장 빠른 교통수단을 택하는 것이라고 생각될 수 있다. 하지만 전혀 그렇지 않다. 가면서 풍경을 보는 즐거움을 누리거나 도착을 늦추는 게 이로울 수도 있다. 자신의 시간을 사용하는 방법은 일반적으로 시간의 사용 그 자체보다 더 중요하다. 왜 서두른단 말인가? 일단 목적(지)에 도달하고 나면, 또 다른 목적(지)을 찾지 않으면 안 될 텐데 말이다. 따라서 자신이 부여한 첫 번째 목적(지)을 가능한 오랫동안 지속시키는 게 지혜이다. 다른 한편 우리가 어떤 목적(지)을 설정했는데, 그와는 매우 다른 목적에 이르지 않으리라 확신할 수 있는가?

『회상록』에서 크세노폰은 소크라테스에 대해 이렇게 말하고 있다. 그는 인간적인 시도들이 성공하리라 확신하지 않았기 때문에 점술을 믿었다는 것이다. 인간적이라는 표현은 적어도 이 시도들이 통제된다는 의미를 지니고 있음을 말한다. 인간은 자신이 정원에 나무를 심지만 누구를 위한 것인지 알지 못한다. 집을 짓지만 그 또한 누구를 위한 것인지 모른다. 마찬가지로 누구를 위해 결혼하고 아내를 얻는지 모른다. 하물며 아이들에 대해선 말할 것도 없다. 그는 아이들을 어떻게 기르는지 알 터이지만 아이들의 장래에 대해선 아무것도 모를 테고, 장차 그들이 자신을 어떻게 대할지도 모른다. 그러니 우리는 무언가를 할 때 우리가 무엇을 하고 있는지 알 수 없다. 우리는 노력을 어떤 방향으로 기울이는지는 잘 알고 있지만, 이 노력이 완전히 반대되는 결과에 이르지 않을지는 알 수 없다.

 덧붙이면, '최상의 것'을 추구하다가 '차선'으로 간주되는 것을 희생시키는 경향이 있다는 말이다. 그런데 차선도 여전히 '좋은' 것이다. 가장 중요한 것은 최상이 차선을 완전히 대체할 수 없다는 사실이다. 내가 글을 쓰기 위해 만년필을 선택한다면 샤프펜슬을 택하는 것보다 나으리라. 하지만 샤프펜슬은 만년필과 같을 수 없는 그 나름의 쓰임새가 있다. 꽃들 중에는 하와이 섬의 난초가 가장 화려하다 할 수 있겠지만, 그것이 마리우트 호수[8]의 노란색 데이지나 수선화 또는 양귀비를 대신할 수는 없다. 무엇을 선호한다는 것은 다른 무엇을 희생시키는 것이다. 임종 시에 어떤 신자가 묵주를 가져다 달라고 할 경우, 나무로 된 묵주(하느님의 종복이 나타내는 겸손을 상징함), 나전 묵주(정신세계의 풍요로움을 상징함), 또는 자단으로 된 묵주(속세의 모든 무거움에서 벗어난 세계를 미리 맛보게 해주는 향이 있음) 가운데 어느 것을 선택할지 그에게 묻는다면 당황하지 않겠는가? 그는 무엇보다 산호 나전 묵주를 선호하지 않을까? 왜냐하면 그 묵주에는 무엇보다 알려진 하느님의 모든 명칭들이 새겨져 있어 이 이름들을 되풀이할 필요가 없기 때문이다. 최상을 선택하는 것은 차선을 버리는 일이니 양자가 상반된다는 견해는 옳은 말이다.

---

[8] 이집트 나일 강 델타 삼각주의 서쪽 끝에 있는 호수.

좀더 진전시켜보자. 독이 약이 되고, 고통이 지적인 성숙에 기여하듯이, 나쁜 것이 좋은 것의 일부를 이룬다는 사실을 사람들은 깨닫지 못하고 있다. 나쁜 것과 좋은 것은 불가분의 관계를 이룰 수 있다. 또 좋은 것이 나쁜 것에서 나올 수도 있다. 예컨대 어떤 공무원이 절망적이라고 여긴 직무나 지역으로 발령을 받았지만, 결과적으로 더없는 행복과 지고한 운명적 삶을 만나게 될 수도 있다. 맹인은 눈이 잘 보이는 사람한테는 분명 불행하게 보인다. 하지만 그는 정상인보다 지적으로 훨씬 더 예민하며 내면적으로 보다 더 강렬한 삶을 영위한다는 사실은 자주 지적되었다.

여기서는 악의 문제를 다루지 않겠다. 하지만 순전히 인본적인 관점에서 보면 세상일을 고통스러운 것과 즐거운 것으로 나누는 일은 임의적이고 독단적이다. 왜냐하면 즐거움은 고통이 있고 나서야 비로소 즐거운 것이라고 느껴지고 그 반대도 마찬가지이기 때문이다. 고통을 모르면 즐거움이 즐거움이라는 사실을 알 수 없다. 가장 즐거운 것은 가장 고통스러운 것을 겪고 나서만 얻을 수 있다(『지상의 양식』에서 갈증의 변증법 참고[9]). 그래서 행복의 도덕을 내세워 금욕주의를 단죄하는 것은 비논리적이다. 행복이란 목표는 모든 인간에게 공통적이지만, 그 수단은 행복에 어떤

---

[9] 앙드레 지드(1869~1951)의 작품이다. 여기서 육체와 정신의 찬미는 배고픔과 갈증의 시련을 통해 체험된다.

내용을 부여하느냐에 따라 달라진다. 많은 사람이 물질적 금욕에 매달리지만 사실은 이를 통해 정신적 쾌락을 소유하겠다는 생각을 이면에 갖고 있다. 가장 통속적인 쾌락주의에서부터 가장 강렬한 이상주의까지 모두 여기에 해당한다.

심지어 진실로 악을 추구했는데 그 악이 선을 발견케 하는 경우도 있을 수 있다. 예컨대 우리는 악이 불러일으키는 끔찍함 때문에 철저하게 악을 외면하게 될 수도 있고, 또는 사드[10]나 보들레르[11] 또는 퀸시[12]나 블레이크[13]의 작품에서처럼 과도한 악은 그 대척에 있는 예기치 않은 선을 불러일으킬 수도 있다.

따라서 효과의 관점에서 보면, 나쁜 것이 결과적으로 최상의 것을 대신할 수도 있다. 이와 같이 보는 시각의 변화를 인정하자는 것은 전혀 아니다. 왜냐하면 오늘날 사람들은 감정의 어두운

---

[10] 사드 후작(1740~1814): '사디즘'의 어원이 된 프랑스의 외설 작가. 대표작 『소돔의 120일』은 인간이 상상할 수 있는 최악의 것을 묘사해 악명이 높았다.
[11] 샤를 보들레르(1821~67): 프랑스 상징주의 문학의 선구자. 시대의 우울을 강렬한 이미지와 상징적인 시어들로 표현했다. 대표작 『악의 꽃』은 풍기 문란으로 고발되었다.
[12] 토머스 드 퀸시(1785~1859): 영국의 비평가이자 소설가. 자신의 아편 중독 경험을 그린 출세작 『어느 아편 중독자의 고백』은 큰 반향을 일으켰다. 솔직한 고백은 흥미롭고 수사학적인 문체는 아름답다.
[13] 윌리엄 블레이크(1757~1827): 영국의 낭만파 시인이자 (판)화가. 아름다운 채색판화를 수록한 많은 시화집을 남겼다. 산문시 「천국과 지옥의 결혼」에서는 악을 인간에 내재하는 정신적인 에너지의 자연스러운 표현으로 풍자했다. 서사시 「밀턴」은 사탄과의 투쟁을 묘사했다.

힘이 역설적이게도 반면교사로 작용해서 그 어두운 힘에 찬사를 보내지만, 우리는 그런 찬사를 배척하기 때문이다. 하지만 어두운 힘이 지닌 효과만은 인정하지 않을 수 없다. 이런 세상사의 이치를 드러낸다고 해서 우리에게 책임을 추궁할 수는 없다.

세 가지 선택: 애매함, 번갈아 하는 선택, 상충된 행위

무언가 선택해야 할 상황에 처하여 백지 앞의 말라르메처럼 현기증 같은 것을 느낄 때 우리는 무엇을 할 수 있는가? 눈앞에 보이는 여러 목적지들이 진정 아무래도 상관없다면, 궁지에 빠진 기분이 들지 않을 수 있고 우연에 자신을 맡길 수 있을 것이다. 그래서 밀라노 역에 들어가 맨 먼저 보이는 창구에 다가가서 눈에 처음 들어오는 아무 목적지로 향하는 기차표를 살 수 있으리라. 하지만 유감스럽게도 우리가 무심힐 수 있는 긴 아무깃도 없다. 흰 종이의 현기증 같은 것을 느끼는 이유는 그 종이를 채울 수 있는 보다 더 나은 단어들이 있다고 생각하기 때문이다.

우리는 완벽이라는 관념에 괴로워하면서 신이 되려 한다. 그런데 우리가 마땅히 최상을 선택해야 한다고 가정할 때—우리는 앞에서 이것이 틀렸다는 점을 보여주고자 했다—완전히 동일한 가치가 있는 두 개의 좋은 것이 있는 그런 상황에 종종 직면하는 경우가 있지 않은가? 우리는 최상의 것이나 차선의 것, 또는 나쁜 것 가운데 선택해야 하는 게 아니라 똑같이 좋은 두 가지 가운데 선택해야 하는 것이다. 그런데 설령 이처럼 등가^{等價}의 것들이 존재한다 할지라도, 그것들은 결코 동일하지 않다.

선택의 문제는 다시 제기된다. 상인이 손님한테 상당히 괜찮은 가격의 옷을 내보인다고 해보자. 손님은 그 가격이면 여러 켤레의 신발을 살 수 있다고 응수함으로써 흥정은 결론도 없이 한없이 계속될 수 있다. 뷔리당[14]의 당나귀 경우가 바로 여기에 해당한다. 그렇다면 어떤 태도를 취할 것인가? 나는 세 가지 가능성이 있다고 본다. 첫 번째는 두 가지를 동시에 취하는 애매한 태도, 두 번째는 둘을 번갈아가며 취하는 태도, 그리고 마지막으로는 이 둘 사이에서 타협하는 태도이다.

우선 두 가지를 동시에 취하려고 해볼 수 있다. 예컨대 상인인 동시에 상인을 감시하는 관리가 된다든가, 밀수꾼인 동시에 단속 관원이 되는 것이다. 꽃과 과자 가운데 어느 하나도 놓치지 않고 두 가지를 동시에 살 수 있는 것이다. 하지만 돈이 바닥나면 곧바로 불행한 일이 발생한다. 매우 값비싼 두 가지 보석에 동시에 마음이 끌린 여자는, 하나가 모조이거나 둘 다 모조인 경우가 아니

---

[14] 장 뷔리당(1295~1363): 중세 프랑스의 유명론 철학자. 자유의지를 부정하여 인간 의식의 심리학적 결정론을 주장했다. 배고픈 당나귀가 자신이 발견한 똑같은 두 개의 건초 더미 사이에서 망설이다 굶어죽은, 이른바 '당나귀의 우화'로 유명하다.

라면 두 개를 모두 사기는 쉽지 않을 것이다. 다른 상황의 경우, 두 가지를 동시에 누릴 수 없을 때, 예컨대 상표가 다른 두 담배를 번갈아며 피우는 선택을 할 수 있다. 몽테를랑[15]은 이런 번갈아 취하는 태도에 대한 이론을 만들었다.[16] 즉 여섯 달 동안은 금욕적인 생활을 하고 여섯 달 동안은 방탕한 생활을 하면 된다는 것이다. 맑은 물만 마시다가 술을 마시는 것이다. 하지만 타협하지 않고는 해결 불가능한 일이 일어나기도 한다. 이제부터 그런 경우를 이야기해볼 것이다.

애매한 태도와 어쩔 수 없이 번갈아 취하는 태도 모두를 어렵게 만드는 장애물이 있다고 상정할 때 두 태도 사이에 타협이라는 제3의 선택을 할 수 있다. 예컨대 어떤 여자가 진주목걸이와 모피코트를 동시에 원한다고 하자. 그녀는 모피코트를 배달시켜 하루 저녁 입어보고는 가게에 다시 돌려준 뒤 진주목걸이를 사

---

[15] 앙리 드 몽테를랑(1895~1972): 프랑스의 소설가이자 극작가. 제1차 세계대전의 체험을 그린 작품을 썼다. 혼란 속에서 인간의 동요와 고민을 적나라하게 그렸다. 주요 작품으로 『아침의 교대』 『독신자』 『젊은 처녀들』이 있다.

[16] 몽테를랑은 이것을 '교대제'alternance'라 불렀다. "불행하게도 우리의 본성은 모든 향락을 한꺼번에 누릴 수 있게 해주지는 못할 것이다. 이 점에서 우리의 본성은 불완전함을 보여준다. 그러므로 '교대제'를 실천하자. 그렇게 함으로써 우리는 오늘 열애하는 것을 내일은 버리고 그 반대의 것을 열애할 수 있게 된다. (…) 그의 가장 변함없는 관심사의 하나는, 확실히, 그를 어떤 한계 속에 가두어 놓을지도 모를 모든 정의定義에서 벗어나는 것인 듯하다." 「몽테를랑」, 『랑송불문학사』(정기수 옮김), 을유문화사, 1997.

는 것이다. 이는 궁극적인 선택이 있기 때문에 애매한 태도라기보다는 하나의 선택지에 대한 최후의 결정이다. 또한 어떤 선택지가 다른 선택지보다 더 중요할 수밖에 없기 때문에 번갈아 취하는 태도도 아니다. 이와 같은 행동 방식은 단번에 이루어지는 선택보다 더 큰 즐거움을 줄 수 있으나 선택을 하지 않는 태도보다는 즐거움이 크지 않다. 정신분석학자들은 이런 타협적 행위를 '실책 행동'[17]이라 부른다. 그들이 볼 때 무의식적 동기에 의해 이루어지는 이런 실책 행동은 결핍 같은 것을 나타내지만 사실 그것은 어떤 것의 달성으로도 해석될 수 있다. 하나의 행위가 '실책'이 될 수 있는 것은 그 행위를 하는 자가 다른 행위로 이익을 얻고자 함으로써 그 행위에 자신의 모든 에너지를 쏟지 않으려 하기 때문이다. 성서는 세계를 신의 실책 행위로 나타내지 않는가? 왜냐하면 원죄에 의한 인간의 타락은 숙명이 아니라 예측 가능했기 때문이다. 이 실책 행위는 신의 독생자 예수를 통한 두 번째 개입을 필연적으로 초래하는 행복한 결과 *felix culpa*를 가져왔지만, 이런 개입은 결정적이되 천지창조의 첫 번째 개입과는 다르다. 그리스도를 통한 구원은 제2의 창조가 아니기 때문이다.

    이와 같은 상충된 행위(또는 실책 행위)는 어느 정도 결심에 따

---

[17] 실책 행동Parapraxis : 말의 실수, 기억의 착오 등과 같은 여러 현상을 가리키는 용어로 프로이트가 『일상생활의 정신병리학』에서 잘 설명했다.

른 것일 수도 있고 의식적일 수도 있다. 예컨대 (성서에서) 하느님은 피조물인 인간에게 균등한 기회를 주는 놀이꾼이다. 피조물이 실수할 경우 그가 다시 한 번 놀이하는 즐거움(또는 괴로움)을 가지리라 신은 생각하는 것이다.[18*] 하지만 우리 인간은 무한정 놀이를 할 수 있다고 항상 기대할 수만은 없다. 인간은 완전히 게임에 져 파멸할까 두려워 자제하지 않으면 안 된다고 생각한다. 그래서 자신의 모든 것을 거는 경우는 매우 드물며 번복할 여지를 남겨두는 경우가 흔하다. 예컨대 어떤 고객이 별로 흥미도 없는 책을 한 권 사서 책방 주인에게 맡겨놓고는 다시 들어가 이것저것 뒤적이다가 마음에 드는 책을 고른 뒤 사놓은 책과 교환하는 일과 같다. 또 루이 14세의 신하와 같은 경우이다. 프랑스가 전쟁에서 패하여 곤궁해졌을 때 왕이 신하에게 자신도 국가에 금은보석을 기부하는데, 왜 기부하지 않느냐고 이유를 묻자 신하는 이렇게 답했던 것이다. "폐하, 예수 그리스도는 금요일에 돌아가실 때 일요일에 부활하리라는 사실을 잘 알고 있었나이

[18*] 게다가 하느님이 인간을 잘못 만들었다면, 그 또한 최상을 만들겠다는 욕망 때문이라는 점을 지적하자. 그렇기 때문에 모든 신학자들이 주목했듯이, 인간이 선행을 하는 능력밖에 없는 것보다는 자유롭게 행동해 책임을 지도록 창조하는 게 더 나았던 것이다. 바로 이와 같은 욕망이 있었기에 모든 악이 비롯된 것이다. 그래서 예컨대 이런 일이 일어날 수 있다. 즉 대단한 재능을 타고나 여러 빛나는 직업들 중에서 선택을 할 수 있는 아들이 어쩔 수 없이 아버지의 직업보다 더 좋지 않은 직업을 선택할 수 있다.

다."

　선택할 수밖에 없는 궁지에 몰린 사람은 기발한 꾀를 낼 수도 있다. 모로코에 온 어느 여행자가 생각난다. 그는 베니길 족이 만든 양탄자와 베니트르 족이 만든 양탄자를 모두 사고 싶은 마음이 굴뚝같았다. 하지만 국경 앞에서 모든 양탄자 거래를 관장하는 정부 관리는 베니길 족의 양탄자는 인공염료로 염색되었기 때문에 가져갈 수 없다고 말했다. 여행자가 관리의 친구를 중재자로 내세워 고집을 부리자 관리는 설득되어 일단 만나보겠다고 했다. 거래 시간이 되자 판매자와 구매자가 관리 앞에 나타났다. 여기서 관리는 거래를 허가할 수 없다고 하는 반면, 판매자와 구매자는 허가해달라고 우겼기 때문에 순전히 형식적인 논쟁이 벌어질 수밖에 없었다. 그런데 관리는 반박을 기꺼이 받아들일 태세를 하고 머뭇거리며 반대했다. 그때마다 구매자는 동의할 수밖에 없었고 그래서 관리의 공식적인 입장은 강화되고 말았다. 관리와 구매자의 대화를 보자. "아닐린은 처음 세탁할 때 색이 바랩니다.―물론입니다, 선생님. 그리고 인공염료로 된 것을 이처럼 거래하는 일은 이 나라 장인들에게 나쁜 습관을 심어주는 것이기도 합니다." 구매자가 이렇게까지 나오자 관리는 혼란스러운 표정을 지었고, 그 모습을 지켜보던 양탄자 상인은 아연실색했다. 하지만 그렇게 하여 여행자는 두 번째 베니트르 족의 양탄자를 얻을 수 있었다. 그는 두 양탄자를 동시에 갖기 위해 자신이

할 수 있는 모든 일을 다 한 거나 마찬가지였고, 결국 이와 같은 선택이 불가피했다고 생각했다.

"선택한다는 것은 언제나 견디기 어렵다. 내 안에 최상과 최악을 간직하고 있기 때문에 나는 이러지도 저러지도 못한 채 살아왔다"라고 앙드레 지드는 썼다. 애매한 행위에 대한 이상의 묘사에서 우리가 시도한 것은 정신적 현기증의 현상학에 다름 아니다. 이 현상학이 드러낸 인간은 행동을 막 하려는 순간 무수한 미래에 대한 더없이 날카로운 통찰력을 지니고 있으면서도, 자신의 '힘'을 지혜롭게 사용할 수 없는 그 '무능력'에 지극히 절망하는 감정을 동시에 지닐 수밖에 없는 존재이다.

2
포기

❦

첫 번째 주제로 돌아가 순전히 잠재적이고 애매한 유형의 자유로운 존재 방식이란 어떤 것일 수 있는지 구체적으로 제시해보자.

첫 번째 명상 이야기

새벽 네 시이다. 나는 잠을 더 이상 이룰 수가 없어 나중에 자기로 하고 호텔 방을 나선다. 다시 잠자리에 들 거라 생각해서 옷을 제대로 입지 않고 춥지만 않도록 가볍게 걸쳤다. 나는 방에 있을 수가 없다. 왜냐하면 방에 있으면 나 자신에 대한 온갖 상념이나 환각이 구체화되어 견딜 수 없이 괴롭기 때문이다. 고독이 상당 시간 지속되고 나면 결국 온갖 생각들로 가득 차 고독은 더 이상 고독이 될 수 없다는 사실이 얼마나 자주 회자되었던가. 방에서 나오기는 했지만 호텔을 벗어나지는 않는다. 왜냐하면 거리로 나가면 다른 존재들을 만날 위험성이 있다고 보기 때문이다. 설령 그들이 우유를 싣고 가는 당나귀가 되었든, 동트기 전에 도시를 배회하며 뼈다귀를 찾는 개가 되었든 말이다. 아니다, 나는 살아 있는 모든 것과 상당히 거리를 둔 채 호텔 현관 앞의 '무인지대'에 머물고 있다. 그러자 살아 있는 존재가 너무도 허약하게 보인다! 내가 있는 곳에서 아주 멀지는 않지만 그래도 제법 먼 곳에서 잠자고 있는 저 모든 홀로페르네스들의 머리를 자르는 데는 유디트 하나면 충분하리라.[19] 하지만 내가 무인지대에 있기에 유디트는 다른 곳에서 바쁘다. 다른 사람들이 잠을 자기로 결심했듯이 그녀는 자지 않고 감시하기로 결심한 것이다. 자신을 노리고 있는 게 무엇인지도 망각한 채 정신없이 잠에 빠져 있다는 사실, 바로 이것이 모든 사람에게 공통되는 허약함이고 취약함이다. 각자는 자신에게 요구된 일을 전혀 의심 없이 계속해서 수행한다. 하지만 나는 그 반대로 완전히 밀폐된 튜브 속의 한 방울 수은처럼 고립되어 있음을 느낀다. 밤에서 벗어나고 있지만 아직 아침은 아닌 이 시각, 나는 침묵과 어둠에 힘입어 완벽한 균형감을 누린다. 간

---

[19] 구약성서의 「유디트 서」에 나오는 일화를 상기시키고 있다. 홀로페르네스 왕의 앗시리아 군대가 이스라엘을 침략해 베툴리아를 점령하고 예루살렘으로 진격하려 할 때, 아름다운 젊은 과부 유디트가 이 왕을 유혹, 술에 취하게 하여 잠들게 한 뒤 그의 머리를 잘랐다고 한다.

밤에 일어난 일은 더 이상 중요하지 않다. 오늘 일어날 일은 아직 존재하지 않는다. 나는 내 안에 떠오르는 풍부한 가능성들 앞에서 전혀 흔들림 없이 어느 쪽으로도 기울지 않은 채 저울대 위의 중심에 있다. 하지만 문아래 한 줄기 빛이 아침을 알리게 되는 순간, 나 자신이 어느 쪽으론가 기울지 않을 수 없는 필연성으로 인해 내 마음은 이미 찢겨져 있다.

그쪽을 바라다볼 필요조차 없다. 전기불은 이미 희미해졌으니 말이다. 전깃불의 불편부당한 빛은 편파적인 아침 빛에 자리를 내주고 있다. 단번에 자신을 강렬하게 드러내는 사람의 가치를 문제 삼을 필요성을 느끼지 못하듯이, 나는 다른 어떤 존재가 내 곁에 있어야 할 필요성을 느끼지 못한다. 나는 황홀한 상태에서 벗어나 하나의 메커니즘 속으로 들어간다. 살아보려고 시도해야 하는 것이다. 시도한다는 일, 바로 그것이다. 하지만 어떻게?

앞서 우리는 행동을 선택하는 데 있어서 지혜를 끌어들이는 일을 사전에 전적으로 배제했다. 우리에게 제시되는 최상의 것, 좋은 것, 나쁜 것 그리고 똑같이 좋은 것들 따위의 여러 행동 범주들을 검토할 때, 신속하게 지은 결론은 이 가운데 어느 것도 선택의 기준이 될 수 없다는 사실이다.

우리가 기대하는 바는 실존적 삶 자체로부터 자유가 나와야 한다는 것이다. 실제로 우리는 방금 전에 기술한, 시간을 초월한 황홀한 상태에서 자유로웠다. 하지만 그것은 한순간에 불과하다. 조금 뒤에는 누군가가 현관에 나타나 나에게 이야기할 것이고 내가 사용해야 하는 무언가를 제시할지도 모른다. 깃털이나 펜대 같은 것 말이다. 그렇다면 다시 한 번 자유를 소유하고 계속 누리기 위해서는 어떻게 해야 할까? 나에게 일어나는 일에 나 자신을 맡기고 나를 개입시키지 말아야 할까, 아니면 임의적으로 어떤 상황을 만들어 포기하든가 맹렬히 행동해야 할까?

포기라는 해법은 어떤가? 그것은 매우 유혹적이다…… 우리는 선택해야 할 길을 두고 곤혹스러움을 느끼는가? 그렇다면 우리 앞에 열리는 첫 번째 길을 선택해보자.

인간은 선택에 대한 불안감을 잠재우기 위해 일련의 방법들을 사용해왔다. 그것은 지적으로 통찰해보면 가치가 없는 방법들이다. 하지만 이게 본질인데, 즉 인간에게 확고히 행동하도록 해준다는 이점이 있다. 또한 인간의 행동이 자유롭게 실현되도록 해주면서도 합리적 선택에 대한 어떤 걱정도 할 필요가 없게 해준다. 나는 그 방법들 가운데 다음과 같이 몇 가지를 구분해볼 것이다.

운명을 점쳐보는 방법

최초이며 가장 오래된 방법은 운명에 맡기는 것이다. 예로부터 사람들은 언제나 그렇게 결정해왔다. 하지만 운명에는 두 가지 종류가 있다. 하나는 진정한 우연으로 이건 '예외적'이다. 이 우연에 대해선 완전히 비이성적이라는 사실을 제외하면 언급할 게 아무것도 없다. 여기서 운명은 카드를 뒤집어보거나 주사위를 던져보는 방식 등으로 정해진다. 이처럼 결정은 우연을 통해 이루어진다. 그렇다면 이때 인간은 자유로운가? 그렇다. 그는 생각 없이 아무거나 선택하는 무심의 자유를 누리면서 여전히 자유롭다. 왜냐하면 우연에 합리적인 가치를 부여하지 않기 때문이다. 그는 데카르트가 권장한 대로 행동한다. 즉 밀림 속에서 길을 잃었을 때 최초로 나타난 길을 따라가면서 결코 그 방향을 바꾸지 않는다. 중요한 것은 방향이 아니라 방향의 불변성이다. 심리학자 고드페르노[20]는 우유부단의 화신이었다. 왜냐하면 그는 찬성과 반대를 저울질하는 데 모든 시간을 보내면서 인생의 중요한 결정들, 심지어 일상적인 결정들까지 친구에게 맡겼기 때문이다. 이렇게 함으로써 그는 자신의 지성을 개입시키지 않았다.

  개인들만 제비뽑기를 했던 것은 아니다. 그리스의 도시국가들은 행정관들을 뽑기 위해 이런 방법을 많이 사용했다. 그렇게 하여 사람들은 판사나 장군이 되었는데, 오늘날 같으면 이런 직업들은 특별한 교육을 받거나 시험 또는 검열을 통과한 자들만이 차지할 수 있다. (그렇다고 두 방식의 결과가 크게 차이 나는 것은

---

[20] 앙드레 고드페르노(1864~1906): 프랑스의 심리학자이자 극작가.

아니다.)

지난 세기만 해도 군복무는 제비뽑기로 이루어졌다. 그런데 이런 식으로 결정된 운명은 모든 민족에게서 신속하게 합리적인 의미를 띠게 되었는데, 이는 합리적이지 않은 것이 합리적인 것이 되었으니 모순처럼 보인다. 제비뽑기는 점으로, 운명은 신탁으로 대체되어 왔다. 지금도 사람들은 『성서』를 아무데나 펼쳐봄으로써 어떻게 해야 할지를 결정하는 '성서점'을 친다. 고대 민족들의 사상사를 확립하는 작업은 단순히 여러 종류의 해석 방법을 연구하는 일이 되리라. 예컨대, 아랍인들의 기상점氣象占과 중국인들의 흙점은 말할 것도 없고 이집트의 신전에서 받은 신탁, 델피 신전의 무녀 피티아, 병아리 내장점, 점술책을 통한 점, 새점과 제물의 내장점에서부터 유리구슬이나 타로카드 같은 보다 현대적인 점들까지 모두 이런 해석 방법에 해당한다.

선거라는 뽑기는 점치는 방식이 합리화된 것이다. 왜냐하면 이 방식이 존중되었던 19세기에 그것은 미성년자와 여자를 제외한 나머지 사람들의 일반의지[21]를 나타낸다고 보았기 때문이다. 장 폴랑[22]은 이런 선거의 반민주적인 성격을 지적했다. 그에 따르면

---

[21] 일반의지(volonté générale): 루소가 『사회계약론』에서 주장한 공적 주체로서 시민의 의지를 말한다.
[22] 장 폴랑(1884~1968): 프랑스의 비평가·작가·언어학자. 1925년에 『신 프랑스 평론N.R.F.』의 편집인이 되어 프랑스 문단의 핵심적인 위치에 있었다. 일생

설령 점 같은 무언가에 의존하는 것이 모든 사람에게 일반화되어 있다고 해도, 이 제도가 유권자와 후보자 사이에 만들어놓는 불평등 때문에 거의 모든 유권자는 후보자가 될 기회도, 나아가 후보자들을 선택할 기회도 제대로 갖지 못한다는 것이다.

탁월한 인물을 지도자로 선택하려는 한, 우리는 더 이상 우연을 따른다고 할 수 없다. 하지만 권위 있는 명망가들이란 결국 서로 비슷하여 대립될 수 있기 때문에 지혜라는 우리의 취약한 수단에만 의존하면 똑같이 당혹스러운 사태에 직면하게 된다. 그래서 순수한 우연이 차라리 더 나은 것이다.

우연의 법칙화

사람들은 선택하지 않을 수 없는 필연에서 벗어나기 위해 상상력을 발휘해 우연의 현상을 사회적 제도로 구체화했다.

우선 유전 같은 세습이 있다. 구두수선공의 아들로 태어나거나 지주의 아들로 태어나는 것은 우연한 현상이다. 이와 같은 자연의 우연(이것은 '큰 수의 법칙'[23] 같은 것으로 설명되었다)을 사회

을 언어의 문제에 주목했으며, 대표 저서에 낭만주의 이후 문학의 위기 상황을 성찰한 『타르브의 꽃』이 있다.
[23] 어떤 일을 몇 번이고 되풀이할 경우 일정한 사건이 일어날 비율은 횟수를 거듭할수록 일정한 값에 가까워진다는 경험 법칙. 동전 던지기 횟수를 늘릴수

가 인준하여 농부의 아들은 농부가 되고, 노예의 아들은 노예가 되며, 왕의 아들은 왕이 되어야 할 하등의 이유는 전혀 없다. 그러나 많은 문명들이 이와 같은 믿음을 받아들였고 인정했다. 그렇다면 결정의 곤혹스러움을 벗어나기 위해서가 아니라면 그 이유는 무엇인가? 문명들이 이 믿음에서 본 것은 사회적인 전복을 피할 수 있다는 이점이었다. 데카르트는 이런 견해에 동조했다. 고대 인도 같은 일부 문명들은 자연적 세습이 도덕적 세습의 결과라고 주장하면서 더 극단적으로 나아갔다. 예컨대 가난하고 불구자로 태어난 것은 전생에 잘못을 저질러 그렇게 되었다는 생각이다. 이렇게 다시 한 번 운명을 합리화시키고 있음을 알 수 있다. 마치 인간은 이성에 따라 결정할 능력이 없을 뿐 아니라 결정하기 위해 사용하는 합리적 수단들을 부끄러워하고 있는 것 같다.

그렇다면 세습이 사회적 지위와 취해야 할 결정을 강요해서는 안 된다면 어떻게 대처해야 하는가? 자신이 처한 환경에 대한 관념들을 받아들이는 것이다. 예컨대 자신이 대장장이라면 대장장이로 행동하고 대장장이로 생각하는 것이다. 자신이 스페인인이라면 스페인인으로 행동하고 스페인인으로 생각하는 것이다. 단순하고 편리한 법칙이 아닐 수 없다. 그런데 이것은 분명 우연이

록 앞면이 나올 횟수는 전체의 반 정도에 가까워질 거라고 예상할 수 있다.

다. 그러니까 우리가 대장장이나 스페인인으로 태어난 이유는 계산하기에 너무도 많은 물리적 법칙들의 복합적 산물이다. 우연에 순종하기는 매우 어렵다. 오늘날 우연을 체념적으로 받아들이는 자가 누가 있겠는가? 하지만 이런 우연은 엄밀한 의미에서, 어찌해볼 수 없는 운명의 우연보다 훨씬 더 적다. 데카르트가 이런 견해에 동조한다. 왜냐하면 그는 자기 나라의 법과 관습을 따르기로 결심했기 때문이다. 그는 자기 보모의 종교를 따르고, 대다수 동포들의 여론에서 벗어나지 않으며, 자신이 태어난 나라와 자신의 고유한 신분에 만족한 채 살기로 마음먹었던 것이다. 하지만 이러한 해법을 잠정적인 것으로 받아들이되 이상적인 것으로 제시하지는 않는다. 그가 볼 때 이것은 실용적인 법칙에 불과하다.

그런데 순전히 제멋대로인 운명의 경우에서 벌어지는 일이 환경에 따른 운명의 경우에도 일어난다. 사람들은 환경의 운명을 무언가 합리적인 것으로 만들어버리고 싶어 한다. 고대의 많은 민족들은 사회적 신분 차별이 외부 활동을 편리하게 해줄 뿐 아니라 내면적인 필요성에도 부합한다고 생각했다. 인도에서는 왜 사람들이 일정한 카스트 계급에 속했던 걸까? 조상들이 일정한 피부색을 지녔기 때문이다. (카스트를 나타내는 바르나varna는 색깔을 의미하기도 한다. 그리고 카스트라는 말은 포르투갈어 카스타casta 혈액의 순수성 보존에서 유래했다.)

사회 질서가 잘 유지되기 위해서는 인종들이 분리되어야 한다는 원칙만 중요한 것은 아니다. 그 인종들이 나라에 도착한 순서에 따라서, 또 그들이 선호한 점령지들에 따라서, 종교적 이상에 따라서 계급화되어야 했던 것이다. 우연적인 것들이 관습을 낳았고, 관습은 법으로 체계화되었으며, 법은 결국 제도를 만들게 되었다. 그리스인들과 아랍인들(이들 두 민족은 정치적 또는 종교적 입법가들이 있었다)과는 다른 고대 민족들의 경우는 조금 다르게 관습, 법, 제도가 단 하나의 동일체를 이루었다.

  이상은 오늘날 우리가 적어도 이론상 받아들이기는 쉽지 않은 상황이다. 쉽지 않지만 받아들이는 이유는 우리가 그것을 실생활에서 따르고 있기 때문이다. 우리는 우리 자신이 당사자인 경우, 아버지의 직업이 좋아서 아들이 그것을 계승해야 한다면 이를 아주 잘 받아들인다. 뿐만 아니라 우리 자신이 당사자가 아닌 경우, 아버지의 직업이 나쁜데 아들이 그것을 계승한다면 그 역시 잘 수긍한다. 하지만 두 경우가 모두 반대일 때는 받아들이지 않는다. 또 우리 자신의 직업과 재산에 따른 관념들을 갖게 되면서도 이것들을 인정하고 싶어 하지 않는 경우가 있다. 물론 가진 자들에게서 혁명가를 발견한다든가, 없는 자들에게서 보수주의자를 발견하기란 쉽지 않다. 자신이 매우 자연스러운 감정에 따라 행동한다고 고백하는 사람은 아무도 없다. 서양에서 사회계급들을 구분해보면 기준과 법칙을 발견하기는 쉬우리라. 개인은 자신이 살고 있는 나라·시대·직업·환경에 따라 무엇을 해야 하고 무엇을 생각해야 하는지 알 수 있을 것이다. 실제로 그는 이를 완벽하게 알고 있지 않을까? 지식인은 국민을 진보의 길로 이끄는 사상을 확립해야 한다는 것을 잘 알고 있다. 또 이러한 사상을 확립하려면 무엇보다 자신이 권력을 잡아야 한다는 것도 잘 알고 있다. 기업가는 사업이 잘되기 위해서는—물론 자신의 사업뿐만이 아니다—안정적인 사회질서가 필요하고 자기처럼 경험이 풍부한 인물들이 정부에 포진해야 한다는 것을 알고 있다. 중부유럽에서 빈번히 박해를 받은 소수민족 같으면 인종간의 평등주의를 열렬히 환영할 테지만 프로이센의 시골 귀족이라면 이를 격렬히 배척할 것이다. 파리에 도착하는 폴란드계 유대인이나 북부의 방적공장 사장의 아들은 모든 문제들에 대해 확고한 나름의 생각을 가지고 있다. 각자는 애초엔 뒤범벅의 마그마 같은 무심의 상태에 있다고 하리라. 하지만 그가 개인적인 상황 때문에 어쩔 수 없는 방향으로 가기 위해서 오로지 이런 최초 무심의 상태에서 벗어난다면, 마음도 편안하고 사회에도 그만큼 유익하리라. 공자를 따르는 중국의 사상적 입법자들이 생각했던 것이 바로 이것이다. 그들은 백성이 그들의 스승이 만든 규범을 실행하도록 단련시켰다. "아버지는 아버지답게, 아들은 아들답게, 스승은 스승답게……."

그렇게 하여 각자는 자신의 자리에 있는 것이다. 아마 이로부터 사회가 단조롭지만 매우 안정된 상태가 되리라. 하지만 이런 안정 상태는 부조화로, 이런 획일성은 불평등으로 이루어져 있다. 우리가 세상을 정당하다고 받아들일 수 있는 경우는, 아마 세상이 하나의 장관壯觀이 될 정도로 문제가 없을 때에만 가능하리라. 세상이 정당한 경우는 그것이 심미적이 되었을 때뿐이리라.

두 번째 명상 이야기

내 눈앞에는 화단이 있다. 어떤 꽃들이 피어 있는가? 스위트피, 글라디올러스, 데이지 그리고 양귀비인데, 계절에 따라 피는 꽃들이다. 이 가운데 서로 비슷한 꽃은 하나도 없다. 심지어 각각의 종種 안에서도 그렇다. 모두가 서로 다르며 그 존재는 나의 존재만큼이나 개별적이고 한정된 듯 보인다. 꽃들을 보고 있으면, 우리는 오늘날 물리학자들이 말하는, 즉 모든 것이 기본적인 미립자의 무리로 이루어져 있어 근본적으로 같다는 그 동일성에서 지극히 멀어져 있다. 아니다. 꽃들은 저마다 기묘함과 새로움을 드러내며 피어난다. 나는 그 꽃 하나하나를 좋아한다. 왜냐하면 그 하나하나는 다른 어떤 꽃으로도 환원될 수 없을 뿐 아니라, 이것이 정말 중요한데, 내가 그 꽃을 두 번 다시 볼 수 없기 때문이다. 또 좋아하는 이유는 특히 그것이 매순간 오로지 꽃 그 자체만으로 존재하는 모습을 띠고 있기 때문이다. 어찌하여 식물들은 땅에 그토록 꼼짝없이 매어 있는데도 사방으로 달릴 수 있는 존재들보다 훨씬 더 충만하게 자기실현을 하는 것처럼 보일까? 식물은 저마다 그 본래 모습에 충실한 하나의 존재가 되어 있는 것이다. 그런데 우리는 어떤가?

우리가 우리 자신의 본디 모습이 아닌 것과 사회가 우리를 무언가로 만들어내고자 하는 것을 배제하고 나면 우리 자신의 본모습이 남는다. 하지만 이 본래적인 모습을 받아들이지 않을 수도 있다. 그때 우리는 방향을 잃고 헤매는 느낌을 받는다. 우리가 습지의 안전한 물속이나 초원을 적시는 옅은 안개 속의 하늘거리는 꽃들처럼 자유롭다고 느끼는 것이 전부는 아니다. 여기에다 우리는 우리의 뜻과는 상관없이 어떻게든 결정하지 않으면 안 된다. '공존 상태'에서 벗어나 충만한 존재에 이르기 위해서 우리의 본래적인 모습이 아닌 것과 사회가 강제하고자 하는 것으로부터 분리되어야 한다. 그런데 바로 여기서 —깊이 생각해보면— 선택이라는 비극적인 문제가 발생한다. 우리는 무엇이 되어야만 하는가? 우리는 무엇인가? 철학자들처럼 말한다면, 꽃의 경우 본질이 따로 있는 게 아니라 실존적 모습이 본질이기 때문에 본질과 실존은 일치한다. 글라디올러스는 글라디올러스로 살다가 죽는 외에는 다른 의지가 없는 것 같다. 이런 의지에는 무언가 순수한 것, 번역이 불가능한 스페인 말을 빌리면 무언가 '카스티조'[24] 같은 것이 있다.

---

[24] 카스티조castizo: 순수한, 순종의 등의 의미가 있다.

글라디올러스는 우연히 글라디올러스로 태어난다. 하지만 그것은 우리가 기대했던 바를 목표로 온힘을 기울였다.

인간들에게도 이 꽃처럼 노력을 기울이라고 요청할 수는 없단 말인가? 우리의 의무는 무엇보다도 자신이 처한 상태·조건·상황에 따라 각자의 특수한 의무를 수행하는 것이 아니겠는가? 그리고 그 의무란 고유한 본성에 따라 행동하는 것이 아니겠는가? 그래서 자기 존재에 대한 앎이 저마다 자유의 토대가 된다. 순종의 말馬이나 아름다운 나무를 보면 우리는 진정 즐거움을 느끼지 않는가? 위대한 인간이란 자기 자신을 극히 단순화시키고 자신의 고유한 특성이 아닌 것은 모두 다 비워내면서, 본래 자기 모습이라 믿었던 것에 전부를 거는 사람이 아니라면 무엇이겠는가?

이와 같은 관점이 고대인들의 시각이다. 그들은 인간사회를 연극에 비유했다. 당신은 자리를 잘못 잡았다고 생각하지만 모든 좌석은 차야 한다고 에픽테토스[25]는 말한다. 당신은 배역을 잘못 맡았다고 말하지만, 그 배역은 무슨 일이 있어도 있어야 하고 작품 자체가 그것을 필요로 한다. 아마 무대 뒤에서 보면 사람들의 상황이 다소 우스꽝스럽거나 터무니없어 보이지만, 멀리 그리고

---

[25] 에픽테토스(50?~138?): 고대 그리스의 철학자. 노예 출신이었으나 스토아학파의 대가가 되었다. 그의 사상은 의지의 철학으로서 실천적인 면을 강조했고, 자유로울 수 있는 최대의 것으로 신을 생각했다.

높은 곳에서 보면 그 광경은 훌륭하다. 하지만 콘트라베이스 주자가 플루트를 연주하려 하고, 중국 북이 피아노 자리에 놓인다면 아무것도 제대로 이루어질 수 없다. 우리는 이런 사태를 잘 안다. 한 개인이 자유로워지고 '싶을' 때마다 우리는 어떤 당혹감을 느낀다. 왜냐하면 그의 자유는 깊이 생각하는 데 쓰임으로써 그 자신의 존재에 해롭게 되기 때문이다. 그래서 중앙정부의 지시를 조롱하는 고위 지방관들, 통치를 받는 사람들에게 진실을 말한다는 행정관들, 기존 사회의 보존을 지지하며 혁명의 필요성을 상상하지 않으려는 지식인들, 이런 자들이 자신의 지위를 이탈하여 자유롭고자 하는 모습은 불쾌하고 때로는 참을 수 없는 일이다. 자신들의 과거지사·환경·야망으로 인해 어떤 정당에 들어가 당대표가 내세운 슬로건에 이의를 제기하는 사람들의 모습이나 종교적 권위를 벗어던지는 라므네[26]나 루아지[27] 같은 사제들의 모습 역시 불쾌하다. 이쪽 아니면 저쪽, 어디든 자신을 완전히

---

[26] 펠리시테 드 라므네(1782~1854): 프랑스의 사제이자 정치가·사상가. 종교와 정치를 지나치게 결부시키는 사상과 행보로 로마 가톨릭과 대립했다. 1834년에 출간한 『어느 신자의 말』은 사회정의 실현보다는 종교적 권력과 제도 유지에만 머무는 교황을 비판해 금서가 되었다.

[27] 알프레드 루아지(1857~1940): 프랑스의 사제이자 신학자·성경학자·종교철학자. 성서연구에 근대의 역사적·비판적 방법의 적용을 주장하다가 교수직에서 쫓겨나고, 교황들과 갈등을 빚어 파문되었다. 가톨릭 신앙을 재해석한 『복음과 교회』는 금서가 되었다.

내맡겨야 한다. 이것이 바로 우리를 어느 한쪽으로 기울게 만드는 삶이 가르치는 바다. 게다가 우리는 이미 선택되었기 때문에 선택할 수 없다. 이에 다음과 같은 반론이 제기될 수 있다. 우선 나는 나를 나타내는 직업이나 내가 시민으로 구성되어 있는 국가와 무관하게 나 자신이 되고 싶다. 나의 본성에만 의존하고 싶을 뿐이다―이것이 스피노자가 규정한 자유이다. 나는 어울리지 않는 옷차림 같은 사회적인 신분에 종속되고 싶지 않다. 여기에 대한 대답은 매우 쉽다. 당신의 신분을 나타내는 유니폼을 벗어던지고 나면 당신은 누구인가, 라는 물음을 던지면 된다.

이런 물음을 던지는 입장이 순응주의와 수구주의에 대한 예찬을 낳는다고 말해서는 안 된다. 물론 고대 그리스 로마인들은 정적靜的인 세계관을 지녔었다. 우리는 새로운 요소들을 도입해 이 세계관을 간직할 수도 있지 않을까? 피타고라스의 정수론을 전혀 뒤집지 않고 거기에 무리수 개념을 도입하거나, 미적분을 배제하는 것처럼 보이는 하나의 과학에 미적분을 끌어들인 수학자들처럼 말이다. 그렇게 하여 우리는 지극히 열성적인 혁명가들도 이 세계 안에 나름의 위상을 지닌다고 말할 수 있게 된다. 이미 신학자들은 이단자들이 필요하다고 말한 바 있다. 역사의 운동에 근거해 이단자들은 어떤 사상을 대변하는데, 혁명가들은 이 사상이 인간에게 이익을 줄지 해를 끼칠지 결코 알지 못한다. 왜냐하면 이 사상이 성공하게 될 즈음, 그들은 이미 죽음을 맞지 않을 수 없기 때문이다. 하지만 이것은 중요하지 않다. 이단자들이나 혁명가들은 존재하는 이상 전체에 필요하다. 그들은 하나의 세계를 파괴하고 또 다른 세계를 세우기 위해 있다. 존재한다는 사실 자체만으로 무의지적으로 꿀을 만드는 벌들처럼 말이다. 또 자신들의 감정 표출이 끼칠 수 있는 모든 잘못에도 불구하고 글을 쓰기 위해 존재하는 작가들처럼 말이다.

여기서 나의 관점에 놀라서는 안 된다. 그것은 허페즈[28]와 사디[29]의 작품에 표현된 성스러운 정원사의 관점이다. 신의 사랑을 노래하는 정원사의 입장에서 보면 정원의 풀과 꽃과 나무들은 저마다 나름의 의미와 가치를 지닌 채 조화를 이룬다. 또 나의 관점은 아불알라[30]와 오마르 하이얌[31]을 읽으면 알게 되는 신성한 도공陶工의 관점이고, 카비르[32]를 통해 알 수 있고 우리의 존재를 연구해봄으로써도 알 수 있는 성스러운 춤꾼의 관점이기도 하다. 소중한 자유를 사용하지 않고 다만 나를 인노하는 결정을 우연

---

[28] 허페즈(1315~90): 중세 페르시아 최고의 서정시인. '불가사의한 혀'라는 별명으로도 알려져 있다.
[29] 사디(1210~1292): 중세 페르시아의 대표적 시인. 신비주의 탁발승으로 30년간 이슬람권에 방랑여행을 떠났다. 「장미 정원」이란 시가 유명하다.
[30] 아불알라 알 마리(973~1057): 아랍의 맹인 철학자·시인·작가. 인간의 실존적 비극을 노래했다.
[31] 오마르 하이얌(1048~1131): 페르시아의 수학자·천문학자·철학자·시인.
[32] 카비르(1440~1518): 인도의 시인·철학자·종교인·음악가.

에 맡길 때에만 나는 이 자유를 계속해서 지킬 수 있다.

항의

정원사의 관점은 신神중심적이다. 그것은 구경꾼과 창조자 양쪽의 독특한 관점이다. 식물 하나하나가 자신에 대한 의식이 있다고 한다면, 또 그것이 '나'라고 말한다면, 이 식물에게 이와 같은 관점은 이해 불가능한 것도 아니지 않겠는가? 왜냐하면 의식과 더불어 새로운 현상이 출현하기 때문이다. 내가 존재한다는 의식이 있으면, 나는 지금 현재의 내 모습 그대로 존재하는 데 더 이상 만족하지 못한다. 다른 사람들을 관조해보면, 나는 프랑수아 베르네의 마지막 작품(『대수롭지 않은 소식들』)에서 한 인물의 말을 인용해 이렇게 말할 수 있으리라. "나에게 인간은 식물과 같다. 어떤 것들은 꽃을 피우고, 또 어떤 것들은 시들지만 모두 나름의 이유가 있다. 나는 나와 관련된 것, 다시 말해 나 자신의 운명에만 관여한다."[33*]

[33*] François Vernet, *Nouvelles peu exemplaires*, Paris: Sagittaire, 1945, p. 210. 〔프랑수아 베르네(1918~45): 프랑스의 작가이자 항독운동가. 1944년 2월, 파리에서 게슈타포에 체포되어 다카우 수용소에서 27세의 젊은 나이로 죽었다. 1938년 갈리마르 출판사에서 첫 소설(『좋은 시절*Ce bon temps*』)이 나오고, 마지막 작품은 사후에 출판되었다.〕

여기서 사실 '나 자신의 운명'이라는 말보다는 '신과 같은 자유로운 결정'이라는 표현이 더 낫다고 생각한다. 왜냐하면 정원사나 도공 또는 춤꾼은 다른 사람들과 달리, 노예상태를 나타내는 이름인 우연이나 운명 또는 섭리에 따르지 않기 때문이다. 만일 그들이 이런 것들을 따른다면 가장 중요한 것을 위해 타협하기 때문이다. 데카르트의 경제원칙을 보면 이렇게 요약된다. 즉 나는 내가 혁명적인 입장을 취하는 사유의 관점을 제외하곤 모든 면에서 보수주의자이다. 희생 없이는 효율도 없는 것이다. 만약 항아리가 도공에게 자신이 무엇을 해야 할지 묻는다면, 도공은 이렇게 말할 수밖에 없다. "거울에 당신 모습을 비춰보시오. 그러면 당신이 무엇을 할 수 있는지를 보게 되는 것이 아니라 당신이 무엇을 위해 만들어졌는지를 보게 될 것이오. 즉 기름이나 물 또는 우유를 담기 위해서 만들어졌다는 사실을 말이오." 하지만 항아리의 항변이 들린다. "나는 그보다 더 잘할 수 있습니다. 나는 더 많이 담을 수 있거나 다른 것을 담을 수도 있습니다." 그렇다면 도공은 항아리의 임무를 잘못 할당한 것이라고 생각해야 하는가? 자유에는 정복해야 할 등급들이 있는 것인가? 하지만 도공은 이렇게 대꾸할 수 있다. "당신은 당신이 요구할 수 있는 최대한의 자유, 즉 당신의 사명을 실현하는 데 그 어떤 장애물도 만나지 않고 당신 앞으로 나 있는 길을 정확히 따라가는 자유가 있지 않은가? 당신은 당신에게 부여된 자리를 받아들임으로써 더없이 내밀한 생각을 지키지 않았소? 그런데 당신은 그 이상을 바라고 있소."

도공처럼 말하기는 힘든 일이다. 사람은 저마다 마치 자기가 신이라도 된 듯한 시선을 던지며 상황을 지배하려는 부당한 권리를 행사한다. 왜냐하면 이런 신적인 시선을 던지는 자가 되면 자신을 조건 짓는 상황에서 벗어난다고 생각하기 때문이다. 아마 이것이 요컨대 고대 그리스인들의 위대한 발견이라 할 것이다. 오늘날에는 그들이 단순한 지식인들이었고, 정의定義를 내리는 자들이었으며 변증법론자들이었다고 비난받고 있지만 말이다. 그들이 주장한 바에 따르면, 인간의 고유한 특성은 그 어떤 정의에도 갇히지 않는 것이고, 따라서 그의 사명은 명문가 자제나 영웅(다시 말해 신들의 아들)의 경우에서 보듯이 어떠한 조건적인 상황도 거부하고 어떠한 구속도 거부하는 것이다. 하지만 이런 주장 또한 비난받고 있다. 아마 인간의 특성은 '과잉'에 있다 할 것이다. 이 과잉은 신의 특성만은 아니다…… 분수의 물줄기가 일관성이 없듯이, 예측되지 않고 예측 불가능한 모든 행동의 일관성 없는 모습에서 보듯이 말이다. 대다수 인간의 경우, 이러한 태도는 단순한 보바리즘[34]과 같다. 자신을 끌고 가는 흐름에 자신을 맡겨버린다면, 자유롭게 자신을 실현할 수 있을 것이다. 외적인 그 어떤 것에도 구속당하지 않고, 자신 안에 있는 내적인 힘에 따라 움직일 것이다. 하지만 극소수 사람들에게 즐거움을 주는 그 과잉이 대다수 인간 안에는 존재한다. 이로부터 대부분 사람의 불행이 비롯된다. 이 과잉은 베토벤이 이른바 사랑하는 여인에게 이렇게 편지를 썼을 때 경험한 것이다. "나는 당신에게 말하고 싶소. 하지만 제 가슴은 말할 수 있는 것보다 더 많은 것들로 넘쳐납니다." 그는 편지를 쓸 수 없다는 말을 하기 위해 편지를 썼던 것이다.

우리는 자신의 본래 모습이 되는 자유만으론 만족하지 못한다. 자신의 본래 모습이 아닌 것이 되고자 하는 자유 또한 원한다. 자유는 현기증에서 시작되어 도취로 끝난다.

---

34 플로베르의 소설 『마담 보바리』에 나오는 주인공인 보바리 부인의 기질을 나타내는 용어로 인간이 현실을 망각하고 과대망상증에 사로잡혀 낭만적 상상을 벗어나지 못하는 태도를 나타낸다.

3
참여

고정된 본성

유감스럽게도 우리는 자유가 인간의 본성에서 나온다고 여기는 견해에 만족할 수 없다. 만약 그런 견해가 맞다면, 본능만을 따라서 앞으로 곧장 나아가기만 하면 우리 나름의 개인적인 행동을 완성해갈 수 있으리라. 또 능력만 있다면 사회와 상관없이, 능력이 없다면 사회와 함께, 우리 자신의 세계를 창조할 수도 있을 것이다. 어쨌거나 우리는 자신의 고유한 본성에 따라 자기 세계를 창조할 수 있을 것이다.

고대의 정적인 시대들에 인류는 한결 같은 특성과 일률적인 성격이 뚜렷한 인간 유형들을 만들어냈다. 예컨대 그리스 철학자는 내적 힘과 절제·지혜·정의라는 규범을 지닌 잘 알려진 하나의 전형典型이었다. 이 전형은 10세기나 지속되었다. 최고 입법자이자 정복자의 유형은 알렉산드로스 대왕에서 시작되어 유스티니아누스 황제에서 끝난다. 이 유형은 샤를마뉴 대제와 나폴레옹에 의해서 다시 나타난다.

다른 많은 유형들이 특정한 시대 동안에 분류되고 규정되고 정착되었다. 그 시대들에서 인간에게 중요한 것은 하나의 유형을 실현해내는 일이었고, 인간이 자유로워지기 위해 알고 있었던 유일하고 결정적인 방법은 자신의 소명을 분별한 후 그 소명에 따르는 일이었다. 자신의 독특한 본성을 알고 필요로 하는 것에서 그 본성을 따르는 일, 그것이 바로 지성적 인간의 사명처럼 보였다. 고대 역사가들의 책을 읽어보면, 원로원 의원의 흉상과 황제의 기마상 그리고 시인과 현자의 초상화가 나란히 놓여 있는 이탈리아의 박물관들 가운데 하나를 관람하고 있다는 느낌을 받는다. 눈먼 호메로스와 대머리 소크라테스가 있으며, 각각의 인물은 삶의 하나의 모델을 보여주고 하나의 전형을 제시하고 있다. 그들 가운데 한 명 앞에 잠시 멈춰보자. 그리고 주의 깊게 그를 관조해보면 하나의 풍경 전체가 펼쳐지는 게 보인다.

수염을 기른 이 인물은 어깨에 망토를 걸치고 있으며 손에는 지팡이를 들고 있다. 그는 주랑 아래 앉아서 무엇을 하는 것이 적절하고 적절치 않은지 행인들과 토론을 벌이고 있다. 조금 후에 그는 콩 요리를 먹고 물 한 사발을 마실 것이다. 그의 뒤에 있는 풍경은 늘 한결같고 눈앞에 펼쳐진 지평선도 변함없다. 수단을 매우 경제적으로 사용하고 인간의 목적을 정확히 아는 일이 그가 수행하는 탐구의 메커니즘이고 목표이다. 그 조각상을 통해 내가 발견하는 것은 바로 이런 세계이다. 내가 다른 조각상으로 이동하면, 또 다른 세계가 나타난다. 예컨대 테르모필레스 전투의 레오니다스 1세[35]처럼 조국과 자유를 위해 투쟁하는 세계 말이다. 각각의 인간 유형이 드러내는 이와 같은 세계들의 광경은 내 안에서 울림을 자아낸다. 그리하여 나 자신이 그를 모방하고 싶고 내 안에 있는 잠재적 힘들을 발산시키고 싶은 욕망을 불러일으킨다. 내가 관조할 때, 제시되는 유형들이 많으면 많을수록 나의 진면모를 이루는 것을 발견할 기회는 더 많으리라. 하지만 이런 유형들은 흔치 않을 수 있다.

우리의 관점에서 볼 때, 더 안타까운 점은 이런 유형들이 제안되기보다는 강제되었다는 것이며, 출생의 조건에 따라 각자 자신이 따를 수밖에 없는 하나의 모델 앞에 있다는 것이다. 이것이 동양 사회들에서 일어났던 일이다. 그런 만큼 자유는 사회가 만든 규범적인 삶에 눈을 뜬다는 단 하나의 의미로밖에 존재하지 않았다. 자유롭다는 것은 길을 의미하는 도道에 들어서는 것

---

[35] 레오니다스 1세(?~기원전 480): 스파르타의 명군주. 기원전 5세기에 일어난 그리스-페르시아 전쟁 중 테르모필레스 협곡 전투에서 위용을 드러내고 장렬하게 죽었지만, 그의 전략은 그리스를 승리로 이끈 원동력이 되었다. 화가 자크 다비드가 그린 「테르모필레스의 레오니다스」(1814)라는 작품이 있다.

을 방해하는 구속들에서 벗어나는 일이었다. 이와 비교하면 그리스인들한테는 얼마나 더 많은 훌륭한 선택이 있었던가! 그리스인들 가운데 가장 그리스인답지 않고자 했던 플라톤의 경우조차도 마찬가지이다. 신들은 많고, 그 신들이 인간이나 동물 또는 나무나 돌로 변신하는 사례는 헤아릴 수 없다. 그렇게 많은 신들의 유형으로 둘러싸인 인간은 비공식적이고 주기적인 대규모 '집회 tertulia'에서 변신의 상상력을 발휘해 친구들 하나하나의 화신이 되어 친구의 삶을 체험할 정도가 될 수 있다. 하지만 이런 전형적인 친구들 가운데 하나가 사라지게 되면 그만큼 그의 시야는 좁아진다. 그는 오래전부터 이 친구와 함께 가기로 계획했던 스페인 이비사 섬[36]으로의 여행도 시도할 수 없을 것이다. 다른 친구와 같이 간다면, 그 여행은 더 이상 의미가 없기 때문이다. 또 다른 친구와는 커다란 문제들에 대해 토론할 수도 있었으리라…… 하지만 그들은 하나하나 떠나간다. 더욱 심각한 것은 그들이 구현했던, 인간 존재의 그 모든 세계도 더불어 사라진다는 사실이다. 그리하여 우리 인간은 아침에 무거운 에피날 채색판화[37] 앨범을 받았는데, 저녁에는 손에 쥔 그림이 하나밖에 남지 않은 그런 어린애와 같아진다. 어쨌든 과거에 그는 많은 그림을 가지고

---

[36] 스페인 동부 발레아레스 제도에 있으며 고대 유적이 많은 관광지이다.
[37] 에피날은 프랑스의 동부에 있는 도시로 18세기 이후 민중 판화의 전통으로 유명하며 판화박물관이 있고 판화축제가 열린다.

있었다.

이 어린애-인간한테 제기되었던 문제 역시 그 자신만의 채색 판화를 선택하는 것이다. 그 가운데 어떤 것들은 아무리 빛나게 채색되었다 해도 어두운 부분들을 포함하고 있다. 그것들은 매력적이면서도 동시에 두렵다. (플라톤에 따른) 왕의 판화를 보자. 매력적이다. 그것은 왕이 화려함과 웅장함에 둘러싸여 왕좌에 앉아 있기 때문이다. 아직 태어나지 않은 인간의 영혼은 이 광경을 관조하며 이렇게 말하려 한다. "그래, 난 이 인물의 화신이 되고 싶다. 그런데 그때 영혼은 왕이 겪어야 하는 위험들과 그 주홍빛 용포 뒤에 감추어진 악덕들을 알아차린다. 이 악덕들은 가난하고 비참한 자보다 힘 있고 부유한 자가 물리치기 더 어려운 것이다. 또한 영혼은 왕을 파멸시키는 데 골몰한 수많은 적들이 배후에 있음을 본다. 이처럼 모든 존재 방식은 그 나름의 빛과 어둠이 있다. 이 둘을 다 받아들이지 않고 어느 하나만 선택할 수는 없다.

하지만 다시 한 번 말하면, 이런 정적인 파노라마는 영상으로 비추면 훌륭한 풍경과 같다.

유동하는 본성

앞의 견해에 따르면 본성은 고정되어 있다고 하겠다. 하지만 정말 고정되어 있다고 할 수 있는가? 인간의 자유는 제시된 어떤 전형적 이미지를 오로지 수긍하거나 거부하는 데만 있는가?

그보다 본성은 다른 어떤 것을 할 수 있지 않은가? 자유롭다는 것은 자신의 존재를 창조하는 일이고, 이런 창조가 전형적 유형들 가운데 자신의 존재 방식을 선택하는 것보다 더 낫지 않은가? 자신의 존재를 창조한다는 것은 가능한가? 그것은 단지 생각할 수 있는 관념에 불과하지 않은가? 우리는 만사가 그렇듯이, 우리 자신이 우리의 존재를 만들어내지 않고 다른 곳에서 다른 사람들이 만들어놓은 존재를 우리의 것으로 받아들인다. 우리는 무엇을 할 수 있고 우리 자신이 만드는 우리는 어떤 존재인가?

첫 번째 이야기

호주의 대도시들 주변에 흩어진 그 기막힌 방갈로들은 런던의 시장에서 완전히 조립식으로 살 수 있다. 그 가운데 하나를 관조해보자. 주인은 몇 주 동안 출타 중이어서 방갈로의 문을 꼼꼼하게 닫아놓았다. 그가 돌아와서 보니 모든 게 그대로 있다. 고맙게도 도둑들이 감히 여기까지는 침입하지 않았던 것이다. 물건들은 제자리에 있고, 거실 소파들은 씌워놓은 커버 덕분에 먼지가 끼지 않았으며 불청객들이 앉을 수 없었다. 이 모습을 보고 집주인은 경솔하게 소파 하나에 앉으려 한다. 오, 그런데 놀랍게도 소파가 폭삭 가라앉는다. 여행 가방을 탁자 위에 놓자 탁자가 무너진다. 거울 달린 옷장을 열려고 팔을 뻗자, 거울이 손에 떨어진다. 모든 가구가 기화되어 사라져버린 것이다. 갑자기 그는 깨달았다. 그의 집이 흰개미집이 되었는데, 건드리지 않는 이상 그대로 계속 서 있는 것이다. 그는 흰개미들과 자신 사이에서 살아가는 방식을 찾는데 골몰한 채, 발뒤꿈치를 들고 살금살금 빠져나온다. 문에 이르자, 그는 기계적으로 문을 잠그기 위해 자물통에 열쇠를 꽂는다. 치명적인 경솔함이다! 눈앞에 가벼운 구름 같은 것이 일었다. 정신을 차리고 보니 그는 열쇠를 손에 쥔 채 텅 빈 지평선과 홀로 마주하고 있다.

교훈이라면, 이와 같은 일이 근대인에게 일어났다고 하리라. 그는 조상이 자연이라 불렀던 것 속에 살고 있었다. 그런데 자연은 더 이상 예전 같지 않았고, 그는 이것을 의심하지 않았다. 하지만 자연과 함께 계속 살고자 했을 때, 마침내 그는 자신이 모든 것을 잃었다는 사실을 알아차렸다. 타협이 불가능하다는 것을 알자, 파괴된 것이 무엇인지—모든 게 파괴되어 있다—, 또다시 건설해야 하는 것이 무엇인지 알기 위해 주변을 살펴보자. 모든 것을 다시 건설해야 한다.

근대인은 히브리인이나 기독교인과는 달리, 복종해야 할 신이 있다고 더는 믿지 않는다. 그는 힌두교도나 중국인이 그랬던 바와 달리, 존중해야 할 사회공동체도 없다. 그리스인이나 로마인이 그랬던 바와 달리, 법칙을 따라야 할 자연도 없다. 그보다는 신과 사회와 자연에 대해 그가 현재 가질 수 있는 개념들은 법칙이나 보호막 구실을 할 수 없는 것들이다. 아무것도 더는 존재하지 않고 모든 것이 가능하다. 아무것도 진리가 아니고 모든 게 허용된다. 지극히 급진적인 무신앙이 지극히 확고한 행동에 길들을 열어놓았다. 이런 사실은 우리가 방금 지적한 신과 사회공동체와 자연의 세 가지 영역에 모두 해당된다.

신의 영역을 보자. 우리는 이미 19세기에 신에 대한 관념이 형태가 바뀌고 비를 맞고 있는 조각상들처럼 풍화되는 것을 목격했다. 낭만주의자들의 신, 역사가들의 신, 혁명가들의 신은, 흰개미들의 밥이 되었지만 호주인이 지키고자 한 그 방갈로와 같다.

우리는 다만 사물들이나 인간들밖에 사랑하지 않고 오로지 현세에서 욕망의 실현만을 희망한다. 그런데도 우리가 사랑하는 대상에 아직도 신의 이름을 부여하고, 우리가 희망하는 대상에 신의 이름을 붙이는 행위는 말장난에 불과하며 새로운 상품을 낡은 포장지로 싸려는 것과 같다. 이는 잡종의 혼합물을 인정하는 것이다. 이런 혼합물은 시인에게만 허용되는 것이고 모두를 즐겁게 해줄 것처럼 보이지만 아무도 만족시키지 못한다. 헤겔의 신은 진정한 신이 아니다. 르낭[38]의 신도 마찬가지로 진정한 신이 아니다. 헤겔은 아직 완성된 존재가 아니면서도 언젠가 존재하게 되어 있는 그런 이상理想에 대해 이야기한다. 르낭은 대립되는 것들을 결합하면서 실현되는 그런 생성devenir에 대해 이야기한다. 그런데 신과 같은 이런 이상이나 생성이 무엇을 나타낼 수 있는가? 다만 그것들은 말에 지나지 않는다. 반면에 위대한 종교들은 신을 인식할 수 있다고 주장하지는 않지만 신을 규정할 줄 알았다. 아직 존재하지는 않지만 신이 될 그런 신이 존재한다는 헤겔과 르낭의 이와 같은 게르만적이고 낭만적인 사상은 지난 세기를 내내 지배했다. 이런 사상은 만물이 지향하는 목적성은 생성이다, 라는 보편 원리에서 나왔다. 신 자체가 스스로를 창조하는 데 영원의 시간을 보내는 것이다. 이처럼 스스로를 창조하는 신의 존재가 그 자신의 자유를 결정짓는다. 그래서 신은 스스로를 만들어가기 이전에는 아무것도 아니다.

신적 존재가 누리는 이와 같은 한없는 자유는 인간 자신이 소유하고 있다고 상상하는 자유와 양립할 수 없는 게 아닐까? 신과 인간의 이러한 두 임의적인 지유 외지는 서로 만나 싸울 수도 있다. 도스토예프스키는 『악령』에서 이 싸움을 그려냈다. 소설에서 키릴로프는 자살을 결심하고 그 최후의 행위에 결정적인 의미를 부여하면서 지고한 존재인 신에게 반항한다. 그러니까 의도적으로 자살함으로써 그가 자기 자신과 세상 사람들에게 증명하

---

[38] 에르네스트 르낭(1823~92): 프랑스의 실증주의 사상가·언어학자·종교가. 주요 저서로 예수의 인간화를 부각시킨 『그리스도교 기원사』가 있다.

고 나타내고자 하는 사상은 인간이 자기 운명의 유일한 주인이며, 어느 누구도 인간보다 위에 있지 않고, 인간은 누구한테도 보고할 게 없다는 것이다. 차라투스트라[39]가 산을 내려오면서 "신은 죽었다"라고 외칠 때, 그 역시 인간을 해방시키고자 한다. 인간이란 무엇인가? 니체에 따르면, 인간은 초인을 향해 당겨진 화살이다. '초인'은 규정될 수 없다. 왜냐하면 그것이 무엇인지 모르기 때문이다. 이것이 바로 자유의 한 형태이다. 우리 자신의 본디 모습이 무엇인지 모른다는 것, 따라서 규정될 수 없다는 것 자체가 자유이다. 알 수 있을지도 모른다고? 하지만 때는 이미 너무 늦었다. 왜냐하면 우리는 이미 행동해버렸고, 더 이상 자유롭지 않기 때문이다.

결국 신에 대한 반항은 인간이라는 규정할 수 없는 존재가 자기실현을 완성하는 순간에 신이라는 문제적 존재와 충돌한다는 사실에서 비롯된다. 바이런의 사탄과 레르몬토프[40]의 사탄은[41] 자신의 책임을 면하고자 애쓰는 소리야[42]의 돈 후안보다 훨씬 더

---

[39] 니체의 『차라투스트라는 이렇게 말했다』에 나오는 주인공.
[40] 미하일 레르몬토프(1814~41): 27세에 요절한 러시아의 시인이자 소설가. 『현대의 영웅』은 그의 사상을 집대성한 연작소설로 주인공 페초린의 악마적 풍모는 1830년대 지성적인 귀족의 환멸과 반항의 형상이다.
[41] 바이런의 극작품 『카인』과 레르몬토르의 시 『악마』에 사탄이 등장한다.
[42] 호세 소리야 이 모랄(1817~93): 스페인의 극작가이자 시인. 자유분방한 상상력이 넘치는 낭만주의의 거장이다. '낭만적 마술극'이라 불리는 대표작 『돈

급진적인 반항정신을 보여준다. 돈 후안의 외침을 보자.

> 나는 천국에 호소했지만 침묵뿐이었네
> 그리고 천국의 문은 닫혀 있었기에
> 두 발을 지상에 박고
> 나는 하늘에 답하네.

이와 같은 반항은 선례가 있었지만 그 의미는 완전히 바뀌었다. 그리스어의 '히브리스*hybris*'(오만)는 독일어의 힘에의 의지가 아니다. 우리는 이 점을 뒤에 가서 다시 다룰 것이다.

사회의 법에 대해 말하자면, 그것은 공표되자마자 낡은 것으로 간주된다. 어쨌거나 사람들은 그것이 습관으로 지속될 수 있는 시간을 주지 않는다. 이미 발자크나 스탕달은 지방의 작은 도시에서 자란 야수 같은 젊은이의 초상을 그려낸 바 있다.[43] 이 젊은이가 일단 파리에 도착하자 그 어떤 것도 그의 정복욕에 제동을 걸지 못한다. 주목할 점은 그가 애매한 행동을 하는 인간과는 달리 전혀 망설이지 않는다는 사실이다. 이런저런 방책에 단호하게 의사를 표현하지만 오로지 그의 의도는 보다 빨리 지배적 위치

후안 테노리오』가 있다.
[43] 발자크의 『고리오 영감』에 나오는 라스티냐크와 스탕달의 『적과 흑』에 나오는 쥘리앵 소렐을 상기시킨다.

에 도달하는 것이다. 그런 다음에야 자신이 늙거나 병이 들 때 대중을 위해서든 그 자신을 위해서든 정당한 이유들을 찾게 된다.

대다수 우리 동시대인들의 정치적 태도는 전체적으로 아무런 믿음이 없는 무신앙에 토대하고 있다. 하지만 완전히 애매한 행동이 존재하지 않듯이, 완전히 일방적인 행동도 존재하지 않는다. 예컨대 사회 영역에서 개인적인 야망 또는 사회 정의나 국민 해방의 욕망은 행동의 신성하고 강력한 동기가 될 수 있다. 우리의 관심을 끄는 것은 이런 종류의 행동이 아니다. 앞서 결정하지 않는 행동의 경우도 살펴보았듯이, 순수한 행위까지 관심을 가져 보자. 이때 우리는 혁명을 위한 혁명, 다시 말해 변화 자체를 위해 추구되고 욕망되는 변화와 마주한다. 도스토예프스키는 『악령』과 『지하 생활자의 수기』에서 이미 순수한 혁명가의 강렬한 초상을 그려낸 바 있다. '과학'과 '진보'라는 말의 위엄을 퇴색시켜버린 '혁명'이란 말의 비교할 수 없는 위엄은 이와 같은 잠재적 생각을 나타내는 징후이다. 근대인은 어떤 혁명이 문제가 될지 알기도 전에 이미 본능적으로 혁명적이다. 그는 과거와 현재에 대해 비관적인 만큼이나 미래에 대해 낙관적이다. 모든 사회가 이 같은 동일한 운동을 추구했으며 절차를 통해 법률을 제정하는 대신에 혁명적 변화를 통해 직권적으로 결정을 선포한다.

우주의 조형성(가소성)

이와 같은 해방 의지는 과거에 집단적으로 보여준 거대한 복종 충동과 비교될 수 있는 집단적 도취를 나타낸다. 이제 그것은 운동과 변화를 원리로 하는 단순한 생성에 대한 형이상학 덕분에 두드러지면서 일정한 한계를 벗어나고 있다. 바로 여기서 우리는 행위를 강력하고 비이성적으로 만들어주는 마지막 관념에 이른다. 즉 믿어야 할 신도 없고 존중해야 할 사회도 없듯이, 법칙적으로 따라야 할 자연도 없다는 말이다. 아무것도 일정하지 않고 모든 것이 운동 상태에 있다.

한 세기 전부터 나타난 이런 관념이 어떻게 변화했는지 따라가 보자. 동물 종들의 형질 전환은 아니라 할지라도 그것들의 진화는 입증되었다. 설령 자연주의자들의 주장과는 달리 변화가 서서한 게 아니리 갑작스럽다 할지라도, 여전히 변함없는 사실은 생명체들이 단 한 번에 결정적인 본성을 지닌다는 견해를 오늘날 누구도 더 이상 믿지 않는다는 것이다. 이것은 생명의 영역과 심지어 물질의 모든 영역으로 기름띠처럼 확대되었다. 이와 같은 생각을 인간성의 개념에 적용할 때 이 생각이 얼마나 중요한지 알 수 있다. 인간이란 무엇인가? 오이디푸스는 이 질문을 이미 자신에게 던진 바 있다. 그리스인들이 인간에 대해 품었던 견해는 고대의 다른 민족들이 품었던 견해보다 무한히 더 조형적이고 훨씬 덜 규정적이다.

  오늘날 우리는 인간이 무엇인지 더 이상 알지 못하고 있으며 인간은 무엇이든 될 수 있다고 믿고 있다. 실존주의 철학자 사르트르는 쥘 르키에가 과학에 한정했던 이런 표현을 인간에게 적용한다. "과학의 좌우명은 아는 것이 아니라 만드는 것이고 스스로를 만들면서 창조되는 것이다."[44*] 이 표현은 향후의 모든 실용주의를 미리 요약하고 있다. 살아 있는 자연 이후에, 과학 이후에 문제가 된 것은 인간 자신이다. 실존주의는 특히 우리가 자연 일반에 대해 품었던 운동과 변화의 견해를 인간한테 옮겨놓고 있다. 그런데 이상한 일이지만, 그것은 인간을 하나의 제국 속에 있는 또 하나의 제국으로 만들고 있는 것 같다. 왜냐하면 인간만이 자신의 본질이 자연의 다른 모든 것과 다르다는 특권의식을 갖고 있다고 보기 때문이다. 그러니까 실존주의는 인간을 세상의 나머지 모든 것과 철저하게 구분하는 그 기독교적 믿음을 새롭게 들고 나오는 셈이다. 비록 실존주의 자체는 이러한 믿음과는 대립된다고 생각할지라도 말이다. 실존주의는 「창세기」에서처럼 인간을 일종의 대리 창조자 또는 보좌 신으로 만들고 있다. 아니 그보다는 인간을 창조자와 신으로 만들고 있다.

  그렇다면 이처럼 무한한 힘을 가지고 인간은 무엇을 하는가?

[44*] 사르트르는 덧붙인다. "인간이란 자신이 스스로 만든 것에 불과하다."

모든 것은 그의 과감성에 달려 있다. 그가 니체 같은 사람이라면 모든 기성의 가치를 부수고 다른 가치들을 임의적으로 자유롭게 확립할 것이다. "하나의 긍정, 하나의 부정, 하나의 직선, 하나의 목표······"[45]처럼 말이다. 하지만 그가 "학교 걸상에서 배움을 통해 엄마의 젖 같은 인간의 애정을 빨아먹었다면", 그는 정의·이성·인간존엄에 대한 사상을 열정적으로 사용하는 데 만족할 것이다. 아직은 도달 불가능하기에 그만큼 더 만족스러운 목표를 향해 나아가는 역사의 전진에 대한 믿음은 말할 필요도 없이 말이다. 이런 사람은 소심할 것이다. 그래서 그는 한 손으로 무너뜨린 것을 다른 한 손으로 다시 일으켜 세울 것이다.

하나의 사상이 모든 정신을 정복하고 말았다. 다름 아니라 지적인 영역이든, 도덕적 영역이든, 정치적 영역이든 결정적으로 확정된 것은 아무것도 존재하지 않는다는 사실이고, 따라서 인간은 과감하기만 하면 모든 것을 할 수 있다는 말이다. 틀림없이 역사를 통해서 우리는 인간이 지닌 힘의 한계를 확장할 수 있다고 믿은 전형들을 만났다. 플루타르크의 책은 그런 전형들로 가득 차 있고 수에토니우스[46]의 책도 마찬가지이다. 하지만 그런 전형들은 실천적 차원을 말하지 이론적 차원을 말하는 것은 아니다.

---

[45] 니체가 『우상의 황혼』에서 잠언의 형태로 "내 행복의 표현"을 나타낸 말이다.
[46] 수에토니우스(69~130?): 로마의 역사가이자 정치가. 로마 제국의 초창기 12명의 황제를 다룬 『황제열전』을 썼다.

폭군들은 압제적 방식으로 권력을 행사했고 권력에 대한 철학적 체계를 만들지는 않았다. 크세르크세스[47]는 바다의 폭풍 때문에 자신의 군대가 헬레스폰트(다르다넬스 해협)를 건너지 못하자 바다를 벌하기 위해 이 해협을 쳐부수게 했다. 그는 수천 년 된 거대한 나무에 의장대 역할을 부여했다. 칼리굴라[48]는 자신의 말馬을 원로원 의원이라 불렀고 티베리우스[49]는 바닷가재로 귀족들에게 고통을 주었다. 당시의 역사가들은 이 모든 것을 미치광이의 행동으로 간주했다. 하지만 그들은 니체를 읽지 못했고, 따라서 그것이 영웅적인 절망과 숭고한 힘에의 의지를 나타낸다는 사실을 알지 못했다. 그들은 그것이 인간을 죽을 수밖에 없게 만든 신들의 잔인함에 대한 반항이었음을 알지 못했다. 비록 이 신들이 왠지 모를 이상한 모순 때문에 존재하지도 않지만 말이다. 역사가들은 그것이 예전에 바이런·셸리·레르몬토프 등이 그랬듯이, 인간 조건에 대한 숭고한 도전이었음을 알지 못했다. 가장

---

[47] 크세르크세스 1세(기원전 519~465): 페르시아 다리우스 1세의 아들이자 계승자. 헬레스폰트 해협을 건너(기원전 480) 테르모필라이·살라미스·플라타이아 전투를 벌이며 그리스를 대규모 침공했다. 헬레스폰트에 다리를 건설했지만 폭풍으로 무너지자 그 벌을 바다에 주었다고 한다.
[48] 칼리굴라(12~41): 로마의 제3대 황제. 낭비와 포악을 일삼아 악명이 높았다.
[49] 티베리우스(기원전 42~기원후 37): 로마의 제2대 황제. 초기에는 공화정치의 전통을 존중하며 통치를 잘했으나 말년에는 은둔생활을 하면서 공포정치를 자행했다.

중요한 것은 그들이 이와 같은 도전의 성공을 믿지 않았다는 것이다. 프로메테우스는 불을 발명하여 인간에게 전해준 죄로 벌을 받았다. 티탄들은 제우스에 의해 분쇄되었다. 오이디푸스는 자신의 콤플렉스와 싸우기 위해 할 수 있는 모든 것을 다했지만 알다시피 결국 비극을 맞았다. 고대세계의 어디서나 '오만*hybris*'은 실패를 맛보았다. 지금은 사정이 다르다. 현대사상은 오만이 승리하리라는 확신에 차 있다. 이런 확신은 역동적 움직임을 무한히 가능케 하고, 나아가 필연적으로 만드는 급진적 허무주의에 토대하고 있다.

우선 한순간 인간은 톰 아저씨[50]가 해방되어 오두막집에서 나올 때 느꼈던 그런 도취를 맛보았다. 플로베르는 기원 후 첫 몇 세기에 대해 이야기하면서 이와 같은 순간을 매우 잘 묘사하고 있다. "신들은 이제 더 이상 존재하지 않고 그리스도도 아직 오지 않은바, 키케로부터 마르구스 아우렐리우스 시대까지 인간만이 존재했던 유일한 때가 있었다. 나는 이와 같은 위대함을 그 어디에서도 발견할 수 없다."[51]*

---

[50] 미국의 여류 작가 해리엇 비처 스토(1811~96)의 소설 『톰 아저씨의 오두막집』에 나오는 주인공이다. 따뜻한 인간애를 지닌 톰의 시련을 통해 흑인 노예들의 비참한 실상을 사실적으로 그렸다.
[51]* 『서한집』 제3권, 샤르팡티에, p. 220.

허무 속에서의 행동

급진적 허무주의가 정력적이고 일관된 행동을 낳을 수 있다는 말은 옳은가? 행동하기 위해서는 정신적 근거가 필요하다. 그런데 당신은 신, 전통사회, 그리고 고정된 자연을 없애버렸다. 인간은 규정이 불가능하게 되었으니 당신이 출발할 수 있는 지점에 남아 있는 게 무엇인가? 토마스 아퀴나스의 사상을 신봉하는 자들이나 마르크스주의자들의 반박은 근거가 없다. 토마스주의자들은 개혁적인 에너지를 받아들인다. 그들은 "할 수 있는 만큼 과감히 하라(정성을 다해 찬양하라)"[52]고 말하고 기독교는 변화의 위대한 요소였던 것이다. 뿐만 아니라 기독교는 자연·사회·인간·신에 대한 하나의 '개념'에 토대했다. 한편 마르크스주의자들 또한 인간의 양식에 호소한다. 인간의 현실은 역사적이고 사회적이며 하나의 근거와 가이드를 필요로 한다는 것이다. 인간은 그 자신이 스스로를 만들어낸 모습이 될 터이지만 단지 그것만은 아니리라. 급진적인 혁명은 없다. 어떠한 혁명도 타협 없이는 이루어지지 않는다. 기독교도 그랬고 전체주의적인 체제도 그랬다. 실존주의적 혁명은…… 허무 속에서의 단순한 반항에 지나지 않을 위험이 있다. 업業, karma의 개념은 과거를 고려한다. 그것은 실

---

[52] 토마스 아퀴나스의 송가頌歌에 나오는 문장이다.

존주의 이론 속에 들어 있는 옳은 것을 통합한다. 실존적 자유를 통한 어제의 선택과 행동이 오늘의 모습이기 때문이다.

실존주의적 행동이 반항이라면, 그 반항은 분명 개인주의적이 되는 게 더 나으리라. 그렇지 않으면 지극히 역겨운 순응주의로 귀결될 위험이 있다. 이른바 인간에 의한 인간의 창조는 가장 많이 인정된 가치들을 찬양하는 상태에 이르고 있다. 이것을 반항이라 할 수 있는가? 아니다. 차라리 어떤 실존주의자가 무정부주의자였고, 바르셀로나에 거주하면서 매일 아침 티비다보 언덕[53]에서 검은 깃발이 펄럭이리라 기대하고 언덕을 향해 눈을 떴다면 보다 잘 이해가 될 수 있으리라.

다음에 이루어질 마지막 비판은 시칠리아의 디오도로스[54]한테서 빌린 우화를 통해 표현될 것이다.

두 번째 이야기

시라쿠사의 폭군 디오니시오스 1세[55]는 잔인했기 때문에 조롱

---

[53] 바로셀로나 전경이 내려다보이는 고도 512미터의 산. 스페인에서 가장 오래된 놀이공원이 있는 곳으로 유명하다.
[54] 디오도로스 시켈로스(?~?): 그리스의 역사가. 율리우스 카이사르와 아우구스투스와 동시대 인물로 기원전 60년과 기원전 30년 사이의 역사인 『역사총서』를 저술했다.
[55] 디오니시오스 1세(기원전 432경~367): 시칠리아 시라쿠사의 참주. 잔인하고

을 받곤 했다. 그런데 불행하게도 그는 세론世論을 듣기가 쉽지 않았다. 그래서 그는 주변의 아무리 작은 소리도 증폭되어 들리는 라토미라는 채석장의 어떤 지점에 몰래 숨어들어가 사람들의 험담을 엿들었다. 이곳을 '디오니시오스의 귀'라 한다. 어느 날 그는 늙은 여자가 자신에 대해 좋게 말하고 장수와 영화를 기원하는 소리를 들었다. 그는 매우 놀라 노파를 불러오게 했다. "그대는 그대가 말한 대로 생각하는가?—물론입니다, 폐하.—그럼 그대는 나를 선한 왕이라 생각하는가?—전혀 그렇지 않습니다.—이해할 수가 없구나.—간단합니다. 저는 악독했던 폐하의 할아버지를 알고 있습죠. 저는 그분을 죽여달라고 신들에게 기도했는데 그대로 되었지요. 폐하의 아버지는 더 악독했습니다. 신들은 저의 기도를 다시 한 번 들어주었습니다. 그러나 경험을 통해 저는 깨달은 바가 있었습니다. 저는 세 분 가운데 가장 악독한 폐하를 우리 곁에 머물게 해달라고 밤낮 기도했습니다." 그를 죽게 하고 나면 훨씬 더 악독한 군주가 나올 테니 차라리 노파는 그를 그대로 살게 해달라고 한 것이다.

우리 동시대인들 가운데는 두 차례 세계대전을 직접 치르지는 않았다 해도 목격을 하고, 어떤 혁명에 참여하지는 않았다 해도

시기심 강하고 짓궂은 최악의 폭군으로 알려져 있다.

목도한 사람들이 있다. 아마 이들은 시라쿠스의 늙은 노파와 달리, 전후의 혼란 상태가 현상 그대로 유지되기를 원치는 않을 것이다. 하지만 국가와 사회의 안전을 위해 경찰·군대·정보부의 감시망을 바꾸어야 한다는 말을 들으면, 히틀러나 스탈린을 경험한 그들은 감시가 싫어서 이렇게 외치고 싶을 것이다. "그러나 망루들은 이미 경비가 허술하고 지금 내부의 모든 것이 제대로 작동되지 않아 감시를 받지 않으니 좋습니다. 그런데 굳이 바꿔야 할 필요가 있습니까? 필요가 있다면 우리를 어디로 인도하려고 하는지 적어도 그것만은 말해주시오. 그렇지 않으면 앞이 안 보이는 이 밤을 신뢰하는 게 차라리 더 낫소." 개인이 어떤 질서에 희생된다는 것은 틀림없이 가증스러운 일이다. 또 개인이 어떤 무질서에 희생된다는 것은 어리석은 일이다. 나는 이런 희생을 자유라 결코 부르지 않을 것이다.

하지만 이미 시나간 시대에 눈을 고정시키고 살지 않도록 조심하자. 단순한 실존적 삶을 고찰해보면 우리는 무언가 결여되어 있음을 알게 되고, 따라서 가치의 길을 가지 않을 수 없다. 그렇다 해도 이런 고찰을 통해서 여전히 우리가 이 가치가 무엇인지를 알 수 있는 것은 전혀 아니다. 가치체계가 파괴된 상태에서 무언지 알 수 없는 가치를 추구하지 않을 수 없는 실존적 삶은, 자기 존재의 정체성을 상실한 미치광이 같은 상황에 처해 있다. 돈키호테는 둘시네아의 호의를 얻기 위해, 그리고 사실 자신과 그녀 사이에 신분상의 불균형을 날려버리기 위해 고행을 결심한다. 그리하여 그는 모레나 산맥56의 바위에 자리를 잡으러 가서 사르수엘라(스페인 가극)에 나오는 익살꾼처럼 깡충거리기 시작한다. 그는 심지어 옷을 벗어던지고, 산초를 상상의 여인 둘시네아에게 돌려보내면서 이렇게 말한다. "내가 그녀에게 경의를 표하여 행하는 이 광적인 행동을 잘 이야기해다오." 그러자 산초는 대꾸한다. "그런 식으로 행동했던 기사들은 그럴 만한 이유가 있었습니다. 그들이 사모한 부인이 그들을 거절했으니까요. 하지만 당신은 아무런 이유가 없어요. 왜냐하면 당신은 토보소의 둘시네아 부인에게 비난할 게 아무것도 없으니까요." 그러자 돈키호테는 의기양양하게 말한다. "바로 그게 핵심이야. 분명한 이유가 있어서 미치광이가 된 떠돌이 기사는 귀부인한테 감사의 말을 받을 자격이 전혀 없지. 하지만 기사가 아무런 이유 없이 미치광이가 되었다면 그야말로 아름다운 일이지."

『존재와 무』의 저자 사르트르가 강력히 주장하듯이, "자유가 가치의 유일한 원천"이라면 다음과 같은 하나의 문제가 제기된다. 그것은 사르트르 자신이 책 마지막에서 제기하는 문제이기도 하다. "특히 자유는 그 자체로 모든 가치의 원천으로 간주되는

---

56 스페인 중남부에 동서로 뻗어 있는 산맥. 돈키호테는 이 산악지대를 무대로 다양한 모험을 펼친다.

것이 가능한가. 다시 말해 자유는 그것에 결합된 어떤 초월적 가치와 관련지어 필연적으로 규정되어야 하는가?" 분명 이것은 적절하게 적시된 첫 번째 가정이다. 그렇다면 다만 자유로운 명령, 즉 자유의지에 따른 결정을 통해 이루어진 것만이 '가치가 있다'는 말인가? 아니다, 라고 실존주의자는 대답한다. 왜냐하면 자유는 상황을 벗어날 수 없고 벗어나서도 안 되기 때문이다. 그것은 책임을 한층 더 요구하기 때문에 그만큼 더욱 상황 속에 처할 수밖에 없다. 이와 같은 조건에서 자유는 빠져나올 방법이 묘연한 곤경에 처해 꼼짝할 수가 없다. 이 곤경은 한편 가치의 부재 때문이고 다른 한편 가치의 필요성 때문이다. 필수불가결하다고 인정된 가치가 점차적으로 창조된다면, 그것은 사건들의 힘이나 본능적 욕망들의 계략에 의해 유발되는 게 아닐까? 아니면 이른바 역사의 변증법에 의해 유발되는 것이 아닐까? 가치는 그 어느 때보다도 더 승리의 모습으로 다시 나타나고 있지만, 이번에 그것은 지성의 무게로 자유를 짓누르고 있다. 따라서 사유가 가치 또는 더 나아가 상황에서 완전히 해방될 수 없는지 살펴보자.

4
벗어남

어떤 가치가 바람직한가?

앙드레 지드는 퐁티니[57] 같은 곳에서 머물기를 좋아한다고 말했다. 그곳에서는 어떤 주제에 대한 토론이 시작되면, 첫날부터 각자 자신의 견해를 아주 분명히 말할 수 있었다는 것이다. 왜냐하면 머물 날이 아직도 9일이나 남아서 그 사이에 견해를 섬세하게 다듬거나 조건을 덧붙이고 필요에 따라서는 수정할 수 있기 때문이다. 자신의 판단을 재고하거나 또는 완벽하게 자기 의견을 표현해낼 수 있는 충분한 시간이 있다는 것은 분명 행운이다. 지적인 영역에서 이와 같은 '유예기간'을 바라는 욕망은 실천적 도

---

[57] 12세기에 세워진 유명한 퐁티니 수도원을 말한다. 1910년 교육자이자 철학자인 폴 데자르댕이 모임을 조직해 매년 유럽의 지식인들이 모였다. 생텍쥐페리, 사르트르, 토마스 만, 앙드레 지드, 프랑수아 모리아크 등이 참여했다.

덕 영역에서 '반복'에 대응한다. 여기서 반복은 되돌아갈 수 있는 가능성, 그러니까 이미 지나온 길의 방향을 바꾸어 원점으로 되돌아갈 수 있는 가능성을 의미한다. 이런 일은 선험적으로 볼 때 불가능한 게 아닐까? 우리의 행위는 내면에 새겨져 있다. 이제 그것은 우리의 본성을 형성하기 때문에 지우개로 글씨를 지우듯 지울 수는 없다. 아마 피할 수도 있었을 어떤 사건은 돌이킬 수 없는 사실로 고정되어버렸다. 하지만 그것을 지울 수 없다 할지라도, 이전의 주장과는 다른 주장을 함으로써 그것에 줄을 그어 정정하거나 취소할 수는 있을 것이다. 진실과 선^{善}에 관심을 기울이는 사람이라면 누구에게나 이처럼 인간의 삶은 정정하기 위해 그은 줄과 가필로 이루어져 있다. 왔던 길을 되돌아갈 수 있다는 것은 얼마나 다행인가!

  죽음은 결론이 아니라 종착점이다. 그것은 우리가 이와 같은 수정과 가필의 '되돌아가는 운동'(사실 이 '되돌아가는 운동'은 공간적 이미지와는 달리 삶을 상승시키는 전진이다)을 시작하기도 전에 우리를 덮칠 수도 있다. 이렇게 죽음이 갑자기 덮치면, 지금까지 형성된 것이 우리의 모습이 되며 그 모습을 더 이상 바꿀 수도 없다. 우리는 정지되어버리고 어느 누구에게도 호소할 수 없다. 사람들은 우리가 죽기 전에 한 마지막 말이 살아생전의 모든 말을 요약한다고 보고 그 마지막 말에 따라 우리를 판단한다. 사실 우리는 하고 싶은 말이 참으로 많았지만 말이다.

최후의 판단이 죽기 전의 마지막 행동에 따라 이루어지는 것은 숙명이다. 왜냐하면 바로 그 행동을 통해 다른 행동들이 판단되기 때문이다. 『존재와 무』에서 사르트르는 움직이도록 만들어진 것을 움직이지 못하게 고정시켜버리는 것이 죽음이라고 묘사했다. 그런 뒤 그는 극작품 「닫힌 방」에서 되돌아가는 것이 절대 불가능한데도 반드시 필요한 장소로 지옥을 나타냈다. 이 극작품의 인물들은 자신의 과거 행동을 정당화시키려고 발버둥치며 자신들이 세상에 다시 태어난다면 할 수 있을 일에 대해 되풀이해 진술한다. 그래보았자 헛된 일이다. 게임은 끝났고 심판은 되돌릴 수 없다. 심판은 신이 내린 게 아니라 아직도 지상에 살고 있는 다른 사람들이 내린 것이다. 하지만 결과는 마찬가지이다. 여론은 최후의 심판관인 신의 준엄한 결정만큼이나 잔인하기 때문이다. 이러한 관점에서 우리는 또한 칼데론[58]의 놀라운 극작품인 「십자가의 예배」를 이해할 수 있다. 여기서 중죄를 저질러 처형된 사람이, 지나가는 사제한테 용서를 구하기 위해 꼭 필요한 시간만큼만 부활한다. 그는 사제가 지니고 있는 십자가에 예배를 올림으로써 구원받았던 것이다. 결정된 판결을 폐하고, 그 판결을 잠정적인 것으로 만드는 데는 기적이 필요하다.

---

[58] 칼데론 데 라 바르카(1600~81): 스페인의 극작가. 종교극 『인생은 꿈』은 걸작으로 널리 알려져 있다.

우리가 아직 살아 있어 과거로 되돌아가 유언장을 고칠 수 있는 여유만 있으면 이러한 기적은 불필요하다. 실존적 의미에서 자유를 검토한 연후에, 그리고 또 이런 실존적 자유가 방향이 없으므로 현실에 적용할 수 없음을 비판한 연후에, 우리는 이 자유의 위대함을 인정해야 한다. 인간한테는 미리 정해진 어떠한 가치체계도 없기 때문에 우주의 텅 빈 공간 같은 그런 공허 속에 놓이게 된다. 그는 무엇이든 다 할 수 있고 어떤 사람도 될 수 있다. 이 얼마나 불안한 일인가! 그러니 스스로 짊어져야 할 책임 또한 얼마나 큰가! 물론 우리는 언제나 어떤 주어진 상황 속에 처해 있다. 이 상황에 참여하지 않을 수 없다. 그러면 어떻게 참여해야 하는가? 방향의 지침도 지표도 없다. 아니 그런 것을 더 이상 갖고 있지 않다. 우리의 자유는 그 어떠한 걸림도 없기에 총체적이다. 이 자유를 가지고 어떻게 해야 할지를 모른다.

행동하기 위해서는 원칙이 필요하다. 그렇지 않으면 우연에 맡기고 무턱대고 행동해야 한다. 그런데 긴급한 상황에 처해 행동해야 하는 인간은 어디서나 그 나름의 행동 규칙을 채택하지만, 이 규칙은 더 이상 원칙이 아니라 구호 같은 것이고 예전 같으면 편견이다. 그는 아무거나 맨 먼저 옳은 것처럼 떠오르는 일에 막무가내로 달려들 위험이 있다. 실존주의자들은 구속적 참여는 언제나 일시적이기 때문에 인간은 그 참여에서 언제나 벗어날 수 있다고 대답할 수 있다. 물론 그렇다. 하지만 단지 잠시 동안일 뿐이고, 다시 참여하지 않으면 안 되게 되어 있다. 행동의 절대적 우위를 주장하는 학설은 우리에게 그 대상도 이유도 말하지 않고 참여하지 않으면 안 된다고 겁박하는 무서운 측면이 있다.

그런데 그 어떠한 주장도 진리 같은 것은 개의치 말고 자유를 행사하라고는 결코 말할 수 없다. 전통적 가르침들에 반대하는 실존주의는 당연하게도 판단의 자유를 주장한다. 하지만 실존주의는 그처럼 매우 기상천외한 자유를 원하기 때문에 행동해야 할 순간이 왔을 때 선례를 따르듯 이런 전통적 가르침에 떨어지고 만다……. 나는 존재한다, 나는 존재함을 느낀다, 나는 자유롭다, 나는 내 자유를 의식한다. 그런데 갑자기 검토도 하지 않고 깊이 생각해보지도 않은 채 종교나 혁명을 믿는 듯한 놀라운 신념 행위를 하기로 결심하는 것이다. 그 이유는 무엇인가?

그래서 알베르 카뮈가 실존주의자들에게 다음과 같이 쓴 글은 매우 잘 이해가 된다. "그들은 그들을 짓누르는 것을 신성시하고 그들을 박탈하는 것에서 희망의 이유를 찾고 있다."[59*]

물론 취해야 할 결정의 중대함을 실존주의자들이 무시하고 있다고 비난할 수는 없다. 그들은 반대로 그것을 강조한다. 그리고 키에르케고르가 아주 잘 묘사한 그 불안감을 새롭게 하고 있다. 하지만 사실을 말하면, 그들은 그들이 주장하는 절대적 자유로

[59*] 『시시포스의 신화』, p. 51.

인해 마치 신자들이 신을 위치시키는 그런 경지와 같은 너무도 높은 수준에 있다. 그렇기 때문에 그들은 결정을 하게 되면, 불안을 야기하는 혐오스러운 행동에 치명적으로 뛰어드는 꼴이 된다. 불안은 이미 자유가 아니다.

단 하나의 가치만이 바람직한가?

애초에 출발점으로 삼았던 높은 차원에 머물 수 없고 필연적으로 다시 내려오지 않을 수 없기에 비롯되는 이와 같은 절망은 충분히 이해할 만하다. 모든 차이를 감안하더라도, 그것은 일부 신비주의자들이 체험했던 절망이 아니겠는가? 신비주의자들은 그들이 내적으로 사로잡혔던 신의 실체를 자신들의 행동 속에 반영시킬 수 없다고 느낌으로써 일상에서 수많은 기행奇行을 일삼는다. 이런 일을 통해 명백히 드러나는 것은 그들로부터 무한히 멀리 떨어져 있어서 어떤 방법으로도 도달할 수 없는 그 절대적 존재만이 중요하다는 사실이다. 예컨대 필립보 네리[60]는 어느 날 카니발에서처럼 변장하고 거리를 돌아다녔는데 어린애들이 따라다니며 야유를 보냈다. 그는 신의 영광을 찬양하기 위해 빙글

---

[60] 필립보 네리(1515~95): 이탈리아의 성직자로 오라토리오 수도회의 창시자. 그는 마치 소크라테스처럼 도시 구석구석을 돌아다니며 사람들을 만나고, 소외된 자들 속에서 사목 활동을 펼쳐 '로마의 사도'로 불렸다.

빙글 돌고 깡충깡충 뛰며 춤을 추었다. 또 성 시메온 살루스[61]도 같은 행동을 했다. 선불교에서 깨달음 또는 '사토리'[62]는 제자가 스승에게 매질을 당한다든가, 사원의 종소리를 예기치 않게 듣고 난 뒤 얻게 되는 경우가 종종 있다. 그때 제자는 자신이 언뜻 본 최고 진리에 사로잡혀 깡충거리고, 춤을 추며, 소리를 지르기 시작한다.

이슬람에도 이런 절망의 성자들이 있었다. '말라마티야'라 불리는 그들은 다른 모든 인간이 행동하는 방식과 달리 찬양이 아니라 '비난을 구하는 사람들'이다. 이 이슬람 성자들의 삶은 우리를 어리둥절케 하는 특징들로 가득하다. 이 '비난 추구 인간들'은 때로는 떠도는 수도사이기도 하고 때로는 움직이지 않는 수피[63]이기도 한데, 외관에 무심할 뿐 아니라 애써 비난을 받으려고까지 한다. 그렇게 함으로써 그들은 잘랄 앗 딘[64]이 『마스나위』에서 표현한 다음과 같은 일반적인 행동규칙을 과장하여 따른다. "너의 종파를 버리고 경멸의 대상이 되어라." "너의 영광과 명성을 멀리 던져버리고 실총失寵을 구하라."

---

61 성 시메온 살루스는 6세기의 은둔 수도사이다.
62 사토리悟り는 일본 선불교에서 갑작스런 깨달음을 뜻하는 용어이다.
63 이슬람 신비주의인 수피즘을 신봉하는 자들을 말한다.
64 잘랄 앗 딘 무함마드 루미(1207~73): 페르시아의 신비주의 시인이자 법학자. 불후의 대서사시인 『마스나위』*Mathnawi*는 수피즘의 교의, 역사, 전통을 노래한 '신비주의의 바이블'로 불린다.

이런 유형의 인간들은 우리가 지금 몰두하고 있는 문제에 너무도 과감하고 예기치 않은 해법을 제시했다. 그들은 해법을 찾을 수 없는 것이 해법이라 주장하며 타협을 증오하는 입장을 취한다. 그런데 이런 인간들이 완전히 사라질 수 있겠는가? 그렇다면 움직이지 않는 절대자를 찬미하기 위해 원무를 추는 이슬람 수도자들, 절대자는 머무는 장소가 없어 그 어느 곳에도 머물지 않기 때문에 아무 데도 가고 싶지 않는 그 수도자들은 어디에 있단 말인가? 모든 논쟁을 멀리하고 어떤 종파에도 속하기를 거부하는 수피들, 흰 모직 천을 둘러친 그 현자들은 어디에 있는가?

이집트 알렉산드리아의 거리를 산책했을 때, 나는 유행하는 곡조의 소리를 들려주는 시원찮은 오르간[65] 앞에 이따금 멈춰서곤 했다. 예기치 못할 게 아무것도 없는 거리에서 예상될 수 있는 구경거리였다. 다소 놀라운 것은 오르간의 핸들을 돌리는 사람과 함께 있는 동반자였다. 괴상한 옷차림과 머리모양을 한 그는 앞뒤로 왔다 갔다 했고, 손가락 끝으로 탬버린을 흔들다가 무릎을 쳤으며, 좌우로 엉덩이를 흔들었고, 다리를 굽히고 빙빙 돌더니 취한 사람처럼 비틀거렸다. 이 사람이 말라마티야구나, 라고 생각했다. 내가 더욱 그렇게 믿을 수 있었던 것은 그가 때때로 눈을 들어 하늘에 애원하는 모습을 보였고 천상의 영감에 인도되어 춤

---

[65] 거리의 악사가 손으로 돌려 연주하는 수동식 소형 오르간을 말한다.

을 추는 것 같았기 때문이다. 무한에 대한 얼마나 대단한 향수인가! 이렇게 나는 상상했지만 좀더 오랫동안 관찰해보니 그 상상이 틀렸다는 확신이 들었다. 이 팬터마임의 목적은 하늘의 은총을 얻기보다는 지상의 혜택을 받기 위한 것이었다.

그렇지 않았다면 겉보기에 괴상한 이 사람을 통해서, 나는 다음과 같은 기도를 쉽게 상상할 수 있었을 테니 말이다.

완전함에의 기도

저는 절대적 완전함이 실재한다, 라고밖에 생각할 수 없습니다. 그렇지 않으면 저는 그보다 더 나은 다른 완전함을 생각할 수 있을 테니까요.

저는 당신(완전함)이 정의상 도달 불가능하다는 것을 알지 못했을 때 그대 곁에 다가가는 희망을 품었습니다.

그때부터 저는 당신을 단념하기 위해서가 아니라 경의를 표하기 위해 당신으로부터 멀어지려 했습니다.

저는 당신을 껴안고 싶기 때문에 당신으로부터 달아나려 합니다.

저는 당신을 소유하고 싶기 때문에 당신을 단념하려 합니다.

이제 저는 인간이든 짐승이든 세상의 그 무엇도 되고 싶지 않고, 다만 당신의 존재를 비추기 위한 무無가 되고 싶습니다.

거울은 표면이 매끄럽고 완벽하게 한결같을 때 사물을 훨씬 잘 비추듯이 말입니다.

자유가 제게 무슨 소용이 있겠습니까? 당신과 비교해볼 때 제가 도달할 수 있는 것은 하찮은 목표뿐입니다.

단 하루 저녁의 계시를 통해 저는 새벽부터 바치는 매일의 노고가 불필요한 것을 알았습니다.

종교적 영역에서 말라마티야의 이와 같은 태도는 사회적 영역에서 절대자유주의자(무정부주의자)의 태도와 매우 유사하지만 우리는 그것을 내 것으로 만들지 못한다. 하지만 그것을 이해하고 일부 사람들의 특권으로 받아들인다. 복음서에서 우리는 그리스도의 절대적 자유를 통해 드러나는 놀라운 비유들을 읽을 수 있다. 갈릴리 가나의 혼인잔치에서 마리아가 예수에게 포도주가 떨어졌다고 말하자, 그리스도는 어머니께 이렇게 말한다. "그것이 저와 무슨 상관이 있다고 그러십니까? 아직 때가 오지 않았습니다"(「요한복음」, 2:4-5). 또 그리스도는 하늘나라를 설명하면서 아들의 결혼식에 초대받지 못한 이들을 초대하는 임금처럼 이야기한다(「마태복음」, 22:2-14). 또 이 절대자는 말석에 앉은 사람을 상석에 앉힌다(「누가복음」, 14:7-11). 또 그는 오후 늦게 와서 한 시간밖에 일하지 않은 사람에게 새벽에 와서 하루 종일 일한 사람과 같은 품삯을 지불케 한다. 마지막으로 하나만 더 예를 든다면, 그는 부활했을 때 자신을 맞이하러 앞으로 다가서는 여인(막달라 마리아)에게 이렇게 말한다. "내가 아직 아버지께 올라가지 않았으니 나를 붙잡지 마라."(「요한복음」, 20:17)

인간에게는 이처럼 말할 권리가 없다. 하지만 충분히 이해할 만한 것이지만, 그는 그렇게 말한 절대자를 너무도 찬양하기에 그렇게 말할 권리를 느끼지 못하면서도 자신의 이성에 어긋나게 자유를 사용한다.

상대적 가치에 대한 비판

나를 포함한 보통의 인간이 자신의 이성에 어긋나게 자유를 사용할 수 있을까? 신적인 또는 인간적인 완전함에 대한 이상이 없는 우리는 오로지 자신의 의지에만 근거해 참여적 행동을 할 수 있을까? 죽어야 할 피조물에 불과한 내가 참과 거짓, 선과 악이 무엇인지 결정할 수 있을까? 다시 말하면, 나는 가치를 창조할 수 있을까?

당연히 사람들은 '가치'가 존재한다고 상정하고 이 가치를 함양할 수 있는 자유를 요구한다. 그렇지 않다면 자유를 요구하지 않을 것이다. 그래서 우리는 자유에 종속적인 역할을 부여한다. 자신이 자유롭다고 판단하는 작가들은 『가치』라는 잡지에 글을 기고할 수도 있었다. 따라서 그들이 독립을 열망했던 이유는 오로지 자신들이 따르기로 결정한 하나의 법칙을 인정하기 위해서였다. 그러니 인간은 따라야 할 주인을 바꿀 뿐이다. 그가 구속을 피하는 것은 오로지 어떤 필연성에 행복하게 달려들기 위해서일 뿐이다. 그는 번개처럼 짧은 순간만 자유롭다. 왜냐하면 곧바로 가치를 창조해야 할 필연성에 구속되기 때문이다. 다시 그는 자유로울 수 있다. 하지만 다시 구속 상태에 들어서기 위해서일 뿐이다.

우리는 가치의 지배를 벗어나지 못한다. 우리가 할 수 있는 일이라곤 사정을 잘 알고서 가치를 선택하고, 말하자면 그것을 당연하게 받아들이는 것이다. 하지만 우리가 가치와 하나가 되어버리면, (우연과 같은) 자유를 잃어버리고 모든 시대의 사상가들이 지혜라 불렀던 것을 얻는다. 나는 여기서 도덕적 자유, 현자의 그런 자유에 대해 이야기하려는 게 아니다. 현자의 자유를 자유라고 명명한 것은 매우 잘못되었다. 왜냐하면 그런 자유는 자유를 희생시키는 것이기 때문이다. 우리는 어쨌든 이 희생이 행복으로 이끌기 때문에 필요하다고 판단할 수 있다. 결정적인 소망을 말하는 이가 드문 것처럼 이 희생이 만능인 경우는 드물다. 대부분의 경우 소망이란 일시적이다. 예술가와 작가도 마찬가지이다. 그들은 어떤 표현방식들을 다른 것들보다 더 낫다고 간주할 수 있다. ― 그것들은 그들의 것이다. ― 그렇지만 그 가치들은 다양하고 변화한다. 그래서 『신 프랑스 평론*N.R.F.*』라는 문예지는 예전에 아라공[66]과 클로델[67]을 동등하게 놓았다고 비난을 받았다. 아라공이 클로델에 아직 미치지 못했는데 말이다. 문예지는 편협하다고 비난받았다. 이런 비난은 외관상으로 볼 때에만 모순적이다. 왜냐하면 가치의 수준에서는 엄격주의가 적용되었지만 가치의 내용에서 보면 절충주의가 적용되었기 때문이다.[68]

앙드레 지드 같은 작가는 가치에 대한 찬미와 자유에 대한 사랑을 결합할 줄 알았다. 그는 자신의 책마다 정해진 방향에 따라 자신의 모든 것을 쏟아 부었지만 그 방향은 각 책마다 다르다. 하나의 책이 끝나고 다른 하나의 책이 시작되는 그 사이의 기간 동안 그는 완전히 자기 자신을 되찾는다. 따라서 그는 자유로운 상태에 있으며 이 자유는 그의 정신에서 상수常數——유동적인 문제에서 고정점——를 이룬다.

이와는 반대로, 어떤 종파에 속하는 사람에게는 가치의 완전한 통일성이 있다. 그가 엘리트 정신의 소유자일 때, 그는 가치의 제단祭壇에 자신의 자유를 희생시키는 데 만족한다. 난순하게 그기

---

[66] 루이 아라공(1897~1982): 프랑스의 시인이자 소설가. 브레통과 함께 초현실주의 운동의 중심인물이었고, 1932년 소비에트 여행 후 공산주의자가 되었다.

[67] 폴 클로델(1868~1955): 프랑스의 외교관이자 시인·극작가. 40여 년간 외교관으로 활동하며 시·연극·평론 등 문학에서도 큰 업적을 남겼다. 그의 인생의 결정적 체험은 스무 살에 랭보를 발견한 것과 노트르담 성당 미사에서 신의 부름을 들은 일이었다.

[68] 기독교도로서 클로델이 지향한 초월의 세계와 공산주의자로서 아라공이 지향한 현세주의적 세계의 상이한 차원들이 가치의 수준에서 엄격하게 다르지만 그 내용으로 들어가보면 두 차원이 절충되는 측면이 있음을 말한다.

오늘날처럼 말해 '지도자'일 경우, 다시 말해 광신도이며 야심가일 경우, 그는 하나의 동일한 가치의 이름으로 다른 사람들에게 어떠한 자유도 인정하지 않는다.

따라서 우리는 단순한 실존의 관점에서 생각된 자유와 심미적·도덕적·논리적 또는 종교적 가치 사이에 싸움이 있음을 목도한다. 이렇게 볼 때 어떤 가치를 강하게 믿는 사람은 자유의 적敵이다. 자유를 모든 것보다 사랑하는 자는 가치를 부정하거나 가치에 일시적으로만 집착한다. 물론 타협이 가능하며 나아가 그것이 법칙이다, 라고 말할 수 있다(우리는 타협 속에 살고 있다). 타협은 '관용'이라 불린다. 우리는 어떤 가치를 인정하면서 동시에 그 가치와 대립되지는 않더라도 다른 가치를 인정하는 사람의 존재를 관용적으로 받아들인다. 이것은 전혀 논리적이지 않다. 이런 일은 가치들이 마멸되어 쇠퇴할 때에만 가능하다. 그렇기 때문에 예전에 전쟁을 정당화시키는 것처럼 보였던 이상理想이 오늘날에는 더 이상 정당화되지 못한다. (예컨대, 아름다운 헬레나 때문에 일어난 트로이 전쟁을 두고 보통 사람은 이렇게 말할 수 있다. "그들이 그런 일 때문에 서로 싸웠다니 정말 어리석었어.") 그렇기 때문에 우리 시대의 많은 사람들이 믿는 바와 달리, 이상을 변화시키면 어떤 해방이 올 수 있다고 믿어서는 안 된다. 새로운 가치들이 인간을 보다 행복하게 해줄 수 있다는 견해를 나는 인정하지 않는다. 그것들은 인간을 노예로 만들 뿐이다. 인간은 옛 가치와 새로운 가치를 분리시키는 그 잠깐의 간극 동안만 자유롭다.—그는 자유로우면서도 불행하다.[69*]

가치를 추구하면 자유가 행사될 수 없고 자유는 (가치에 따른 행동은 유일하게 풍요로운 행동이기에) 되돌아오는 것을 허용치 않는 길로 들어선다. 인류는 이상을 바꿀 때마다 속박의 굴레를 바꿀 뿐이다. 물론 혁명이 승리를 거두는 순간에는 지난날 속박의 굴레로부터 해방만을 느낀다. 하지만 이 순간은 짧다. 새로운 이상은 희망을 품고 있기 때문에 지난날의 이상보다 더 역동적이다. 따라서 메시아 사상이나 천년왕국설 따위를 담은 운동은 외관상으로 볼 때만 해방을 지향한다. 부패한 사회에서 억압으로 인해 방종이 나타날 수 있다. 억압은 어떤 절대적 이상을 내세워 이루어지는 게 아니라 가장 저열한 이해관계들을 내세워 이루어진다. 그런데 어떤 원리들이 지배하는 사회에서 방종에 어떤 자리가 마련되어 있는가? 나아가 자유에는 어떤 위상이 있는가? 우리가 우리 자신에게 '논리적'일 때는 아무 자리가 없다. 잘 다스려지는 사회에서 자유는 시의적절한 이유가 있을 때에만, 다시 말해 비논리성을 통해서만 주어진다.

사회적 의무에서 진실인 것은 도덕적 의무에서도 진실이다. 예

[69*] 어떤 알제리의 아랍인 민족주의자가 프랑스인 기자한테 "프랑스인들이 떠나면 다른 나라 사람들이 올 것이다"라는 말을 들었을 때, 그는 이렇게 대답했다. "(아랍 속담에 따르면) 안장을 바꿀 동안 말은 휴식을 취할 것이다."

컨대 우리는 종교적 의무에서 벗어나자마자 혁명적 의무의 굴레에 떨어지고 만다. 기존 법률에 반항하면 할수록 우리는 새로운 법률을 더 받아들일 준비가 되어 있다. 니체철학을 신봉하는 자는 스스로 위험을 감수해야만 한다고 여기고 자신의 길에서 위험을 만나지 못하면 위험을 찾아나서야 한다고 믿는다. 혁명가는 지도자가 혁명을 위해 필요하다고 판단한 도그마를 받아들인다. 혁명적 가치는 해방시키지 않고 구속한다. 이제 이런 규범들을 채택하는 자의 눈에 이 규범들이 단순히 수단에 불과한지 알아보면, 목표는 언제나 자유이다. 수단은 '규율'이다. 그리고 규율이란 어떤 믿음 내에서만 의미가 있다.

또한 이상을 따르는 것은 자유의 반대가 아니고 해방을 위해서는 이와 같은 복종이 필요하다고 주장할 수도 있다. 그러나 오랫동안 규율과 도그마를 발전시키다 보면 어느 것이 수단이고 어느 것이 목표인지 더 이상 구분이 안 되는 경우가 발생한다. 해방의 도구가 되어야 할 것이 고문의 도구가 된다. 그래서 믿음을 새롭게 해야 할 필요가 생긴다.

하지만 모든 가치는 자신의 존재를 명확히 드러낸다는 사실 자체 때문에 결정권이 있음은 분명하다. 그것은 결정을 하며 결정을 할 수밖에 없다. 여기서 강조해야 할 점은 '해방*libération*'이라는 낱말이 제기하는 애매성이다.

자유는 자유로운 의지의 의미로 파악될 수 있다. 그것은 우연의 존재를 암시하는 낱말이다. 하지만 '해방'은 기존의 물리적 결정론에서 벗어나 더 나은 다른 결정론을 향해 총체적 희생을 치른다는 의미로 사용된다. 해방은 포기를 전제한다. 좀 놀랍게도, 우리는 소유하고 있는 것을 포기할 때 우리 자신의 동요動搖에서 자유로워진다.

 따라서 자신을 해방시킨다는 것은 결국 자신이 소유하고 있는 모든 것을 포기하고 자신을 지배하고 있는 모든 것을 감수하는 것이다. 또한 자유란 처음부터 존재하는 게 아니라 정복되는 것이라는 점을 전제한다. 그러나 이와 같은 해방의 노력에서 본질적인 것은 구원을 가져다주고 정당한 이유를 제공하는 법칙에 부합하도록 애쓰는 일이다. 이 경우 자유의 사용은 하나의 법칙에서 다른 하나의 법칙으로 이동하는 것이고 그게 전부이다. 대부분의 경우 동양의 지혜는 자유라는 말을 법칙의 완수라는 이와 같은 용법으로만 사용했다. 시양의 철학은 암중모색하는 행위 주체에게서 최소한 일정 부분 불확실성을 인정하며 단번에 목표로 가지는 않는다. 하지만 근본적인 일치가 있다. 즉 자유는 보다 잘 취소되기 위해서만 받아들여진다는 사실이다. 가치를 추구하는 한 그 가치에 다시 구속되기 때문에 자유는 없는 것이다.

모든 가치로부터 벗어남

사람들이 취할 수 있는 급진적인 태도가 있을 수 있다. 즉 제반 가치들로부터 완전히 벗어나고, 그것들을 강물 속에 던져버리고 니체처럼 전수하지 않는 것이다. 이러한 태도는 인도와 중국에서 학파를 이루었던 현자들이 권장했다. 하지만 이들은 우리 서방 국가들에서는 성공하지 못했다. 왜냐하면 서양 사람들은 무언가 얻을 만한 가치가 있다고 여전히 믿고 있으며, 인간의 모든 불행이 방에서 조용히 관조할 줄 모르는 데 있다고 결코 생각하지 않기 때문이다.

가치의 모든 구분을 마음에서 어떻게 지워버릴 수 있는지를 도가 사상가 열자列子는 이렇게 말한다. "내 스승이 나를 어떻게 훈련시켰는지 말하겠다. 나는 친구와 함께 스승의 집에 들어갔다. 그 집에서 꼬박 3년을 보내면서 내 마음과 내 입에 굴레를 씌우는 데 전념했지만 스승은 한 번도 나에게 눈길을 주며 칭찬하지 않았다. 내가 도야에 진전을 보임에 따라 5년이 지나자 스승은 처음으로 미소를 보냈다. 수련이 뚜렷하게 진전을 보이고 7년이 지나자 스승은 나를 자신의 거적 돗자리 위에 앉으라고 했다. 9년 동안 노력을 하자, 나는 마침내 긍정과 부정, 이익과 손해, 스승의 탁월함과 도반의 우정 같은 관념을 모두 잃어버렸다. 그러자 나의 다양한 감각들에 대한 특수한 사용은 하나의 전체적인 감각으로 대체되었다. 나의 정신은 간결해졌다…… 나는 마침내 낙엽이 굴러가듯 바람 따라 동서로, 사방으로 떠났다. 바람이 나를 실어가는지 내가 바람 위에 올라탔는지 알지 못했다…… 이처럼 모든 것을 벗어던지고 자연으로 돌아가는 기나긴 수련을 거침으로써 나는 비로소 황홀경에 이를 수 있었다."

가치를 판별하지 않는 인간은 완벽하게 자유롭다. 노자에 따르면, 이런 인간은 추한 것은 아름다움과의 관계를 통해, 그리고 악은 선과의 상대적 관계를 통해 고찰한다. 그렇기 때문에 거리를 두고 머물며, 존재들이 마땅히 되어야 하는 모습이 되도록 그냥 내버려두고 방해하지 않는다. 그가 볼 때에 특별히 가치 있는 건 아무것도 없으며, 심지어 개별적인 특성을 지닌 상태로 존재하는 것은 아무것도 없다. 이런 태도는 비非실존주의라 할 수 있다. 왜냐하면 세계의 방정식 항들이 결국 폐기되기 때문이다. 더 이상 가치가 존재하지 않는 것이디.

이와 같은 비실존주의에서 중요한 것은 자연으로 돌아가는 일이고, 이런 태도를 신봉하는 추종자는 다음과 같은 짧고 의미심장한 기도를 올릴 수 있으리라.

자연에의 기도

모든 존재를 전혀 차별하지 않는 자연이여, 그대에게는 밤과 낮도 같다네.

내가 인간을 곤충으로, 곤충을 인간으로, 삼라만상 전체를 무로 간주하게 해다오.

나를 악에서, 다시 말해 어떤 것은 피해야 할 대상이 될 수 있다는 믿음에서, 따라서 두려움과 불안감에서 구해다오. 나를 선에서, 다시 말해 어떤 것은 갈망의 대상이 될 수 있다는 믿음에서, 따라서 부러움과 질투, 탐욕과 오만에서 구해다오.

나에게 바람 같은 자유를 다오.

분명한 것이지만, 이와 같은 최후의 태도는 우리가 앞서 언급한 니체를 비롯해 랭보·고흐·고갱 같은 인물들이 보여주었으며, 곧 자유의지로 가치를 창조하는 것보다 더 낯설고 더 취하기가 어렵다. 하지만 가장 완전한 자유를 보장해주는 유일한 태도이다. 왜냐하면 절대적으로 그 무엇도 그것을 간청하지 않고, 그것의 추종자는 그 어느 쪽으로도 기울지 않으며, 그 어떠한 방침도 취하지 않기 때문이다.

자유에 대한 이와 같은 견해는 다음의 여러 특징을 나타낸다.

① 그것은 가치를 폐기한다. 문제는 어떤 가치를 창조하는 게 아니라 모든 가치를 무너뜨리는 것이다. 이러한 관점에서 이 견해는 절대적인 무심이 마음을 지배케 하며 심리적인 모든 구속을 사라지게 한다.

② 게다가 가치들은 상충하고 양립 불가능하다. 이 때문에 논쟁과 전쟁이 일어난다. 가치들은 욕망을 야기하고 따라서 분란을 일으킨다. 요컨대 통상적 의미의 도덕성을 내세우는 이유들만으로도 이와 같은 절대적 무심을 옹호하는 데 충분하다고 하리라.

③ 가치의 폐지가 현재 상황의 망각을 의미하지는 않으며, 나는 어떤 유토피아적인 태도를 취해야 할지 모른다. 반대로 상황은 행동을 위한 수단이 아니라 목적 그 자체가 된다. 나는 내 앞에 있는 가장 쉬운 길을 따라 발길 닿는 데로 걸어간다. 이념적인 목표에 대해 이처럼 무관심할 때, 나는 주어진 대로 받아들인 상황들이 발생시키는 차이들에 직면한다.

④ 따라서 취해야 할 선택의 지침은 언제나 주어져 있다. 어떤 문제도 제기되지 않는다. 맹목이 명철함을 대신하고, 본능의 제안에 대한 절대적 복종이 자유의 가장 높은 등급을 나타낸다. 결국 인간은 자연의 필연적 섭리를 추구함으로써만 가치의 구속을 벗어날 수 있다.

⑤ 하지만 자연의 필연적 섭리 또한 정신이 낳은 산물이고 인간의 노력을 요구한다. 최후의 한계까지 밀고 나간 숙명론이 작용한다. 그 어떤 것에든 자신의 자유를 사용하기를 거부하는 태도는 자유를 최고로 증거한다.

⑥ 이와 같은 거부 태도—이것은 수동적인 단념과는 매우 다르다—에서 비롯될 수 있는 결과가 자연에 대한 지배인데, 이는

자신에 대한 지배를 따른다. 아무런 잃을 것도 얻을 것도 없는 인간은 모든 것의 주인이다.

우리가 이런 해법을 택해보면 다음과 같은 장점을 말할 수 있다. 즉 진리와 이상에 대해 아무런 편견도 갖지 않을 수 있고 하나의 행동 규칙을 얻을 수 있다. 이 행동 규칙을 채택하는 사람은 그 어떤 면에서도 구속되지 않는다. 그것을 채택하면 각자는 모든 가치를 폐기하는 어려운 단념을 하지 않을 수 없기 때문에 자신의 고유한 행복은 물론 다른 사람들의 행복도 보장해준다. 이상은 변하지만 자연은 늘 한결같다. 인간이 자유를 사용할 수 있는 가장 훌륭한 방법은 자유를 인위적으로 결코 사용하지 않는 것이다.

제2부

존재와 운명

인간은 저마다 자신의 개인적 운명에 충실해야 하고 이 운명에 따르기 위해 모든 희생을 치러야 할 이유가 있다. 그가 목적지를 미리 선택했기 때문이고, 자신의 본성을 결국 구성하게 되는 이 선택을 매일같이 시인하기 때문이다. (…) 따라서 개인적 운명의 숙명은 허상이다. 이 운명을 결정하는 목적지는 자유롭게 선택되기 때문이다.

1
개인적 운명

환기

사람들은 상황이 허락될 자유가 마치 추상적인 무엇인 것처럼 이야기하곤 한다. 이때 제기되는 질문들은 다음과 같다. 나는 일반적으로 무엇을 해야 하나? 나는 어떻게 행동해야 하나? 모든 면에서 최상을 고려해야 하지 않나? 하지만 최상의 선택이 무엇인지 확실히 알 수 있는가? 그렇다면 우연에 맡기자. 하지만 우연은 논쟁의 여지가 매우 많으며 우연을 받아들이는 것은 지성을 포기하는 일이다. 그러면 확실하게 결정된 방향으로 의지를 가지고 들어서자. 그러기 위해서는 우선 가치에 대해 제대로 알아야 하리라. 그렇지 않으면 맹목적으로 달려드는 일이 되고 여기에 쏟아 붓는 에너지는 그러한 맹목적 행동을 보상해주지 않는다. 끝으로 모든 가치를 아무것도 아닌 것으로 여기고 모든 형태의 이상을 등가치로 바라볼 수 있다. 그러면 완전한 자유를 누릴 수 있지만 진리도 별것 아닌 것이 되어버리기에 그 어떠한 관심도 가져서는 안 된다.

첫 번째는 결정해야 할 선택에 대해 찬성과 반대를 저울질하지만 뷔리당의 당나귀처럼 궁지에 몰리고 마는 사람의 태도이다. 두 번째는 우연적 상황에 자신을 맡겨버리는 것으로, 어떻게 해야 할지 모르는 사람의 태도이다. 즉 무엇 때문인지도 정확히 알지 못한 채 어떤 행동에 철저하게 빠져들 때 나타나는 태도이다. 마지막으로 회의주의자는 모든 가치를 부정하고 자신이 수행하는 일에 아무런 중요성도 부여하지 않는다.

이런 유형들이 제각기 순수한 상태로 나타나는 경우는 매우 드물다. (나아가 그 어떤 유형도 순수한 상태가 아닌 게 더 좋다.) 사실 인간은 언제나 주어진 일정한 상황에서 출발해 또 다른 상황에 도달하기 위해 애쓴다. 그는 상황에 둘러싸여 있다. 어떤 순수한 정신이 있어서 하늘을 바라보며 영원한 것을 결정하는 게 아니다. 예컨대 배의 선장은 때때로 자신의 경력에 매우 중요한 결정을 내려야 할 때가 있다. 브리지 게임에서 파트너로 이사회 의장을 택해야 할까 아니면 영관급 장교를 택해야 할까? 따려고 해야 할까 잃으려고 해야 할까? 탁월한 수완을 가진 것처럼 해야 할까 아니면 맥빠진 것처럼 보여야 할까? 하지만 그에게는 자신의 결정을 도와주고 일정한 방향으로 가도록 영향을 줄 온갖 종류의 요소들이 있다. 그는 '구경꾼'과 달리 그리 곤란한 처지에 있는 것은 아니다. 그는 무대 위의 '배우'이다. 배우는 설령 자신의 역할을 익히지 않았다 해도 무대에서 언제나 잘 헤쳐 나간다. 그는 알아맞히고 즉석에서 꾸며내며 궁지에서 쉽게 빠져나온다. 보통의 인간도 일상에서 그와 마찬가지이다. (그래서 그럭저럭 궁지를 잘 빠져나가는 평균의 보통 인간이 흥미를 끌지 못한다는 말은 맞다.)

그러니 일반적으로 그림의 틀이란 무엇인지 자문해본 후, 우리의 실존적 삶을 가두는 틀의 부분이 무엇일까, 라는 질문을 운명의 문제와 더불어 살펴보자.

초월적 운명Destin과 개인의 운명destinée

초월적 운명은 우리가 여기서 자세히 다룰 문제는 아니므로 간략히 살펴보겠다. 그것은 인간과 세계의 운명이 미리 정해져 있다는 예정설의 이름으로 고대의 비극과 중세의 신학에 영감을 불러일으켰다. 그것은 비인격적이고 맹목적이며 냉혹하다. 인간과 사물에 동일한 얼굴을 드러내면서 우주의 삼라만상을 포괄한다. 개인적 운명은 개인에 따라 다르다. 당신이 당신만의 운명이 있듯이, 나는 나만의 운명이 있다. 그래서 대립할 수 있다. 뿐만 아니라 초월적 운명의 얼굴 ─ 그것은 얼굴이 있는가? ─ 을 막연하게라도 예감하는 것보다 내 개인적 운명의 윤곽을 그려내기가 더 수월하다. 따라서 나는 어떤 개인이 내적인 힘에 따라 무언가를 하지 않을 수 없을 때, 그가 그 힘에 지배되고 사로잡힐 정도가 되었을 때 그의 존재가 선택하는 방향을 '개인적 운명'이라 부를 것이다.

초월적 운명의 인식

초월적 운명은 외부에 있다. 그것은 자연이 강제한다. 초월적 운명의 결정을 알기 위해서 옛날부터 여러 방법이 실행되어왔다. 첫 번째 방법은 전조前兆이다. 호라티우스[1]는 베르길리우스[2]가 배를 타고 그리스로 떠날 때 까마귀가 그의 오른쪽으로 나는지 보라고 했다. 왼쪽 sinister은 그 어원이 말해주고 있듯이 불길한 무엇을 나타내기 때문이다. 카이사르의 죽음은 동상에서 피가 흐르는 소름끼치는 현상으로 예고되었다. 전쟁터의 장군은 교전하기 전에 제물의 내장을 살펴보았다. 자연은 전조가 아니면 징후로 가득 차 있다. 예컨대 브르타뉴 지방에서 죽음을 예고하는 징후 같

---

[1] 호라티우스(기원전 65~8): 로마의 풍자·서정 시인. 그의 시는 기교가 탁월하고 유머와 인간미가 넘쳤다.『서정시집』4권이 있다.
[2] 베르길리우스(기원전 70~기원후 19): 로마 최고의 시인. 미완성 장편 대서사시『아이네이스』를 남겼다.

은 것이다. 이런 징후들은 우발적이다.

두 번째 방법은 별을 관찰하는 것이다. 오늘날에는 별로 신뢰받지 못하는 것이지만 옛날에는 모든 민족들이 오랫동안 실천한 매우 중요한 방법이었다. 별들은 별자리의 영향 아래 태어난 개인들의 삶을 지배하는 생명체로 여겨졌다. 이런 생각이 터무니없는 것은 아니다. 왜냐하면 우리가 결정론을 믿는다면, 각각의 존재는 서로 영향을 미치는데 하물며 거대한 덩어리인 이 별들에 대해선 더 말할 필요가 없기 때문이다. 하지만 매우 상이한 종류의 결정론들이 빚어내는 혼란은 수용할 수가 없다. 대충 어림잡는 방식은 예측을 이끌어내기에는 너무 조잡하다. 그래서 결정론이 보다 엄격해짐에 따라 전문화되었다. 우리는 물질의 덩어리인 별들이 생명체들의 개인사에 영향을 미친다고 더는 믿지 않는다. 또한 인간적 차원에서 연결된 현상들이 현미경의 미세한 차원에서도 동일한 관계를 갖고 있다고 믿지도 않는다. 따라서 결정론은 그 자체가 매우 한정된 등급의 수준들에서만 맞아떨어진다.

초월적 운명을 아는 세 번째 방법은 '손금을 보는 것'이다. 그 방법은 옛날에 보편적이었다가 르네상스 시대에 인기를 누렸다. 그것은 개인이 세계의 축소판이며 소우주이고, 따라서 개인의 운명은 보편적인 초월적 운명을 거울처럼 비춰준다는 믿음에 토대한다. 하지만 점성술과 마찬가지로 너무 동떨어진 현상들을 접근시킨다. 두 방법 모두 오늘날에는 사라진 아주 오래된 믿음을 함축하고 있다. 이 믿음에 따르면, 삼라만상들 사이에는 어떤 교감이 있으며 어떤 사물들은 다른 사물들의 반영물이라는 것이다. 그리하여 19세기까지 무기물들은 상호 기계적인 관계를 유지한다는 차원에서 연구된 게 아니라 그것들이 상상적인 현실들을 상징한다는 차원에서 연구되었다. 식물과 동물도 마찬가지이다. 『보석지』, 『식물지』, 『동물지』는 상상의 규정들과 상징적 설명들을 모아놓은 책들이다.

인간이 자연 전체의 축소판이라면 그의 손은 인간 자신의 축소판으로 간주될 수 있으리라. 이런 사고방식으로 볼 때, 손을 안다는 것은 인간을 아는 일이다. 별을 안다는 것은 마찬가지로 인간을 아는 일이다. 우주는 근대까지도 서로를 비추는 거울들의 유희와 같았다. 이제 그것은 하나의 기계를 구성하는 연결고리들과 톱니바퀴들로 이루어진 조립품과 같다. 그렇다고 많은 지적인 사람들이 신인동형론이나 애니미즘을 믿는 상징적인 고대의 사고방식을 아직도 간직하고 있다는 뜻은 아니다.

개인적 운명의 인식

우리가 위에서 언급한 사고방식을 낡은 것으로 간주한다면 이제 우리는 상상력이 아니라 인과관계에 근거한 인식에 만족할 수밖에 없을 것이다. 이러한 인식은 '성격 연구'를 통해서 획득된다. 성격학은 헤이만스[3], 클라게스[4], 르 센[5]의 업적 이후로 충분히 발전해 이제 신뢰할 수 있을 정도가 되었다. 그런데 우리가 다른 방법—이 방법은 보다 덜 상상적이고 전조가 덜 풍요롭기는 하지만 보다 확실하다—을 통해 초월적 운명이 아니라 저마다 개인적 운명에 대한 진실을 내부로부터 인식하여 알 수 있다면 별이나 손금을 봐야 할 필요성이 있겠는가?

성격학은 논란의 여지가 많은 토대를 근거로 한 옛날의 체질학을 새롭게 한 것이다. 오늘날에는 다음과 같이 여러 인간 유형으로 구분되고 있다. ① 신경질적 기질(예컨대 바이런)과 감상적인 기질(예컨대 아미엘[6])을 포함하는 예민한 사람들, ② 다혈질(예컨대 베이컨)이거나 점액질[7](예컨대 칸트)일 수 있는 활동적인 사

---

[3] 헤라르드 헤이만스(1857~1930): 네덜란드의 철학자이자 심리학자. 37년간 흐로닝어 대학의 교수로 재직했으며, 네덜란드 최초로 심리학 연구소를 세웠다. 인간의 차이점 또는 성격학 연구로 유명하다.

[4] 루트비히 클라게스(1872~1956): 독일의 심리학자이자 철학자. 인간의 표현 행위에 대한 이해(표현학)와 성격 이론 연구로 유명하다. 대표 저서로 『성격학의 원리』 『정신과 생명』 등이 있다.

[5] 르네 르 센(1882~1954): 프랑스의 철학자. 삶의 모순 속에 끊임없는 반성을 촉구하고 모든 가치의 평가 기준으로 신을 상정한 정신철학을 전개했다. 특히 성격을 인간의 정신적 골격으로 보는 '성격론Traité de Charactériologie' 연구가 흥미롭다.

[6] 앙리 프레더릭 아미엘(1821~81): 프랑스계 스위스 철학자. 제네바 대학에서 미학과 철학을 가르쳤다. 병약한 몸으로 고독을 즐겼고 평생을 독신으로 살며 방대한 내면의 기록인 『아미엘의 일기』를 남겼다.

[7] 침착하고 냉정하며 깊이 있는 사고를 하는 기질.

람들, ③ 성마른 기질(예컨대 당통[8])이거나 정열적인 기질(예컨대 파스칼)일 수 있는 예민하고 활동적인 사람들, ④ 마지막으로 예민하지도 활동적이지도 않은 무기력하고 무감각한 사람들이 있다. 이렇게 하여 우리가 알 수 있는 것은, 예컨대 신경질적인 기질의 사람들과 감상적인 기질의 사람들은 우유부단하고, 다혈질의 사람들과 성마른 기질의 사람들은 감정적으로 기복이 심하다는 점이다. 정치적으로 보면 신경질적인 사람들은 혁명가이고, 감상적인 사람들은 보수주의자이며, 다혈질의 인간들과 성마른 인간들은 중도적으로 온건하다. 우리는 양적으로 표시될 수 있는 기억이나 에너지 같은 능력들과 질적으로 평가될 수 있는 성향들을 구분할 수 있다. 기억은 예컨대 야망이나 탐욕을 위해 사용될 수 있다. 끝으로 감정이나 정서를 느끼는 정도와, 의지나 기질을 개인적으로 느끼는 정도의 관계를 고려해야 한다.

  성격학은 측정할 수 있는 결과들을 내놓고 있지만 믿을 만하지는 않다. 그것은 오늘날 '테스트 방법'을 쓰고 있는데, 여기 우리의 관점에서 가장 흥미 있는 테스트는 지능검사가 아니라 적성검사이다. 요컨대 적성검사란 검사를 받는 아이들 각자의 행동을 지배하는 내적 숙명을 알기 위한 과학적 방법이 아니라면 무엇

---

[8] 조르주 당통(1759~94): 프랑스 혁명기의 정치가. 혁명정부를 정력적으로 이끌었으나 동료 로베스피에르의 공포정치에 맞서다 단두대의 죽음을 맞았다.

이겠는가?

관련 학자들은 무의식을 파헤치면서 보다 깊이 들어갔다. 정신분석학은 굳이 부각시킬 필요가 없을 만큼 너무도 잘 알려진 방법이다. 그것은 오이디푸스와 같은 그리스 신화들을 내적 숙명으로 만들어 설명했다. 죄의식은 무익한 문제가 되고 말았다. 왜냐하면 희생자들만이 있기 때문이다. 특징적인 사실이지만, 근대의 방법은 그 어떤 것이 되었든 자아를 직접적으로 알 수 있다고 자신하지 않는다. 그것은 근대인들의 내면과 조르주 드 라 투르[9]의 그림들에 친숙한 그 간접적 관점을 사용하고 있다.

따라서 각자의 개인적 운명은 사물처럼 존재한다. 그러나 그것을 알기 위한 방법을 깊이 탐구해보면, 그것이 음반에 새겨진 멜로디처럼 내면에 새겨져 있음을 알 수 있다. 우리는 음반을 축음기에 올려놓고 돌리기만 하면 된다. 그러면 음반은 끝까지 돌아갈 것이다. 이때 우리는 무언가 고차원적이고 낯선 필연성과 대면하고 있는 게 아니라 하나의 상대적이고 내면적인 법칙을 대한다. 이러한 사실로 인해 우리는 이 법칙을 알게 될 때, 우리의 삶을 지배할 수 있을 뿐만 아니라 어찌할 수 없는 것처럼 보이는 결과를 피할 수 있다. 숙명이 하늘에서 지상으로 내려온 것이라

---

[9] 조르주 드 라 투르(1593~1652): 17세기 바로크 시대의 화가. 빛과 어둠의 대비로 종교적 명상에 잠기게 하는 세계를 그려냈다.

해도, 그것을 지배할 수 있게 된다. 우선 그것을 아는 방법을 배워야 한다. 왜냐하면 우리가 강의 물줄기를 바꿀 수 있는 것은 그 수원과 유량을 알 때만 가능하기 때문이다. 헛된 계획을 세워보았자 아무 소용이 없다.

일부 실존주의자들은 이런 주장을 한다. 즉 우리는 매순간 어떤 행동에 돌입할 수 있고 매순간 행동에서 빠져나와 다시 나를 되찾을 수 있고, 우리는 자유롭게 무언가를 할 수 있을 뿐 아니라 우리 자신의 창조자이기 때문에 나 자신을 자유롭게 만들 수 있다는 것이다. 하지만 이런 주장은 불행하게도 진실이 아니다. 뿐만 아니라 우리 자신 안에 확고한 근거가 없다면 나는 나 자신을 바꿀 수도 없을 것이다. 우리가 의식을 검토할 때 준거로 삼아야 하는 것은 바로 이와 같은 근거이다.

의식의 첫 번째 검토

그런데 우리는 '나' 자신을 필수적으로 인식하기 위해 가능한 모든 방법을 사용했는지 자문해볼 수 있다. 나는 늪 같은 일상, 그러니까 덧없는 일상에 너무나 오랫동안 끌려다니지는 않았는가? 나는 이렇게 살아왔지 않은가? 나는 책이 아니라 신문을 읽었고, 신과 같은 초월적 존재의 방문을 기다리지 않고 사람들을 방문했다. 나는 나의 삶을 쓸데없는 일들에 낭비했고 나와 관련 없는 온갖 종류의 세상사를 알아보고 다녔다. 나는 내면의 본성을 알고자 애쓰지 않았고, 내가 가지고 있는 것이 무엇인지 모르며, 무엇 때문에 사는지 알지 못한 채 맹목적으로 살고 있다. 또다시 무익한 하루가, 일 없는 아침나절이, 아무 보람 없는 저녁이 반복된다. 나는 물결 따라 흘러갔고, 누구도 대신할 수 없는 그런 존재가 되지 못했다.

우리가 '나'의 본성을 알고 나서 이 본성을 해방시키고자 한다면 또한 무의식을 검토해야 한다. '내'가 망각하고 하지 않았던 방문들, 내가 잊고 답장하지 않았던 편지들, 내가 잊고 이야기하지 않았던 꿈들은 무엇인가? 그런 따위의 질문이 제기될 수 있다. 내가 생후 6개월이 되었을 때 어머니를 근친상간처럼 사랑했고, 아버지를 죽이고 싶었고 더없이 잔인한 생각을 여상하게 품었다는 따위, 이런 것들을 안다고 해서 '나' 자신을 많이 알게 되는 것은 아니다. 왜냐하면 파스칼의 무의식이 되었든 프루동[10]의 무의식이 되었든, 무의식은 모두가 그 모든 것들을 반영하기 때문이다. 하지만 '내'가 얼마나 다양한 범죄를 저지르고 싶어 하는지 아는 것은 흥미로운 일이리라.

이상이 개인적 운명을 살피고자 할 때 우리가 하게 되는 일차

---

[10] 피에르 조제프 프루동(1809~1965): 프랑스의 무정부주의 사상가이자 사회주의자. 마르크스와 바쿠닌 등과 교류했으며, 대표작 『소유란 무엇인가』 『빈곤의 철학』을 통해 사회주의 이론가로 이름을 떨쳤다.

적인 검토이다. 이를 통해 알 수 있듯이, 마땅히 우리가 해야 하고 가장 중요하게 살펴야 할 점은 아리스토텔레스가 표현했던 바, 무엇보다도 본질을 찾는 일이다. 우리 각자에게는 '나' 자신을 완전히 사로잡는 무언가가 있다. 아무리 그것을 생각하지 않으려 해도 헛일이다. 예컨대 에드거 앨런 포는 술에서 헤어나지 못했다. 이 무언가는 프로메테우스의 간을 파먹으며 잠을 이루지 못하게 하거나 우화를 들어도 잠들 수 없게 만드는 독수리이다. 우리가 살아가는 이 삶에서 무언가 할 일이나 말해야 할 것이 있는 사람이면 누구나 이 독수리를 경험한다. 릴케는 각자를 기다리고 있는 죽음에 대해 이야기하고, 저마다 자신에게 어울리는 죽음을 맞이하기를 바란다.

나무 속에 벌레가 있듯이, 사람은 저마다 또 다른 신비한 존재를 품고 있다는 생각을 하게 되면 놀라움을 금할 수 없다. 이 신비한 존재에 반드시 복종해야 하는 것은 아니지만 따르지 않으면 후회하게 되어 있다.

여자로 하여금 아이를 욕망하고 사랑하지 않을 수 없게 하는 것은 무엇인가? 어떤 남자는 비행사가, 어떤 남자는 작가가 되지 않을 수 없게 하는 것은 무엇인가? 일하게 하고, 밤을 새게 하며, 피로를 견디지 않을 수 없게 하는 것은 무엇인가? 피상적으로 보면 아무것도 없다. 사람들한테는 이 소용돌이치는 평범한 일상적인 일들 한가운데서 그냥 휴식을 취하는 것이 훨씬 더 쉬우리라.

행동을 통한 인식

자신 안에 있는 이 신비한 존재를 어떻게 규정할 것인가? 왜냐하면 이 무언가는 막연하지 않고 분명한데, 그것에 대한 막연한 말로 만족해서는 안 되기 때문이다. 저마다 개인의 내면에는 무언가 저항하는 진정한 핵과 같은 것이 분명히 존재한다. 제아무리 강력한 국가도 그 핵을 부수지 못하기에 국가의 고유한 목적을 위해 사용한다. 마찬가지로 각 정당이나 수도회 내에서는 매우 상이한 개인들이 그 단체의 사상을 받아들이지만, 그들은 이를 즉시 저마다의 특수한 빛깔로 채색한다. 개인적인 특징은 억압할 수 없는 것이다. 생명체들의 자연적인 다양성이 존재하며 그 다양성이 우리가 살고 있는 세계를 항구적으로 새롭게 변화시킨다. 이 생명체들은 각각 서로 다르며 대체가 불가능하다. 비근한 예로, 라브뤼예르[11]의 『성격론』에 나오는 다양한 성격들(이 성격들은 유형들이다)이 그렇듯이 말이다.

그런데 이와 같은 본질적인 성격, 다시 말해 우리의 개인적 숙명을 담고 있는 성격을 알고자 한다면, 앞서 말한 모든 방법들을 당연히 사용할 수 있다. 하지만 그 모든 것은 우리가 지금 고찰하

---

[11] 장 드 라브뤼예르(1645~96): 프랑스의 모럴리스트. 인생과 관련된 여러 성찰들을 격언의 형태로 압축하여 엮은 『성격론』이 유명하다.

는 개인이 행동에 돌입하기 이전에 사용되는 방법들이다. 인간 존재를 탐색하고 폭력이나 술수를 통해 그의 깊은 내부로 침투해 들어가기 위한 지적인 방법들이다. 그런데 우리는 그가 행동하도록 내버려둠으로써, 자신을 펼쳐내도록 해줌으로써, 더 좋게는 행동하도록 부추김으로써 훨씬 더 그를 잘 알 수 있다. 이 행동이 그 자체로 유효하다는 것은 아니다. 하지만 행동은 무언가를 드러내준다. 우리는 표면적인 일상 속에 감추어진 본질적 인격을 되찾기 위해 노력을 경주해야 하듯이, 다른 사람들의 인격도 밝혀내어 그들이 자신의 개인적 운명을 완성할 수 있도록 해야 한다. 결국 우리의 유일한 자유는, 구속력이 너무나 커서 따르지 않으면 안 되는 필연적 본성을 자유로운 흐름에 맡기는 한편, 세습이나 환경이 인위적으로 강제하는 필연적인 것을 제거하는 행동이다.

  자유롭다는 것은 자기 자신에만 의지하는 일이다. 다시 말해 자신의 타고난 필연성에만 의지하는 것이다. 저마다 인간은 '두루뭉술한 성격', 다시 말해 에너지 같은 것을 지니고 있는 게 아니라 그야말로 하나의 성격을 지닌다. 그런데 이 성격은 행동을 통해서만 알 수 있다. 우리가 우리의 행실에서 다른 사람들에 대해 취해야 하는 것은 신뢰의 태도이다. 루소의 다음과 같은 말을 우리 것으로 삼자. "각자는 태어날 때 자신의 재능과 성격을 결정하는 특별한 기질을 타고난다. 이 기질은 변화시켜도 안 되고 구속해도 안 되며, 일정한 형태로 만들고 완성시켜 나가야 하는 것이다."[12*]

게다가 다른 사람들의 성격을 변화시킬 수 있겠는가? 자신의 고유한 성격과 마찬가지로 불가능하다. "우리는 욕망하는 법을 배울 수 없다"는 라틴어 속담처럼 말이다. 욕망은 각자의 기질에 따라 저절로 우러나오는 것이기 때문이다. 그 대신 우리는 노력의 방향을 수정할 수 있으며, 특히 노력에다 성공의 조건을 확보해줄 수는 있다.

의식의 두 번째 검토

주변 사람들이 그들의 개인적 운명을 향해 자유롭게 도약하고 자신을 펼쳐냄으로써 행복을 누리도록 내가 할 수 있는 모든 것을 다했는가? 나는 그들에게 그들의 본성과 상관없는 의지를 강요하면서 장애물을 그들 주변에 설치하지 않았는가? 만약 그랬다면 나는 무슨 권리로 그렇게 했는가?

그들에게 중요한 것은 통속적인 의미에서 행복인가? 다시 말해 그들이 일상의 나날을 나태하게 즐기는 것인가? 아니다. 저마

[12*] 루소, 『신 엘로이즈』, 제5부 2장. 물론 우리의 출발점은 여기서 제1부(존재와 자유)의 출발점과 철저하게 대립된다.

다 개인적 숙명이 있다는 게 진실이라면, 그는 이 숙명을 정복해야 한다. (이것이 바로 이중의 신비이다. 즉, 각 사람에게 개인적 숙명은 불가피한데 그가 이것을 사전에 항상 인지하는 것은 아니라는 사실이다.) 로렌스 대령[13]과 이사도라 덩컨[14]처럼 저마다 자신의 능력을 최대한으로 발휘했다. 나는 가축처럼 길들여지게 만드는 교육의 장벽을 무너뜨리도록 젊은이들을 도와야 하고, 예컨대 그들이 시험에 실패할 수 있는 기회를 조성해야 하며, 그들에게 정글로 향하는 문을 열어야 하고, 내가 안주하고 있는 사회의 규범이 아닌 정글의 법칙을 가르쳐야 한다. 그런데 내가 지금까지 이런 일을 했는가, 아니면 그 반대의 일을 했는가?

나는 오히려 그 반대의 일을 해왔다. 하지만 나는 나와 친하게 지내던 사람들이 그들의 본래 성향과 내밀한 야심을 가장 잘 만족시킬 수 있는 행동을 하도록 지도했으니 최소한 위안을 삼을 수 있다. 나는 그들을 지극히 확고한 종교적·정신적 행동이나 지극히 급진적인 정치적 행동으로 이끌었다. 그런데 그들은 내가 제시한 목적지만큼 멀리 가기를 원하지 않으면서 내가 한 일을 때로는

---

[13] T. E. 로렌스(1888~1935): 영국의 고고학자이자 군인. 아랍 독립운동을 도운 인물로 일명 '아라비아의 로렌스'로 통한다.
[14] 이사도라 덩컨(1878~1927): 미국의 무용가이며 모던 댄스의 선구자. 그녀의 춤 세계관은 많은 예술가들에게 영향을 주었고, 특히 여성들의 자유의 표상이었다.

비난까지 했다.

해방을 현재 통용되는 사회적 관행에 대한 반작용으로 꼭 생각할 필요는 없다. 예컨대 현재 젊은이에게 자신을 해방시킨다는 뜻은 젊어서 결혼한다는 것이고, 아내에게 충실하다는 것이며, 아이들에게 관심을 기울이는 일이 될 수도 있다. 그가 시인이라면, 옛날 벨칸토[15]에서처럼 아내를 영감靈感을 주는 여인으로 생각하는 것이다.

기질적으로 무정부주의자일 경우, 자신을 해방시킨다는 뜻은 때로는 어떤 수도회나 정당에 들어가 일단 부수적인 것을 희생시키고 난 뒤 자신 안에 있는 가장 소중한 것을 만개시키는 일이 될 수도 있다. 이 또한 자기를 실현하는 방법이다.

당연하게도 해방은 우리가 습관적으로 의미하듯 언제고 욕망으로 열린 문이 될 수 있다. 콜롬비아의 작가 페르닌도 곤살레스는 『후회』에서 자신이 마르세유의 영사로 근무했을 때 어떤 욕망을 의지적으로 억누름으로써 야기된 고통을 묘사했다. 그는 이 고통을 후회라 불렀다. 왜냐하면 죄의 감정을 동반했기 때문이다.

어쨌든 개인적 운명을 알면 해방이 온다는 사실이다. 하지만

---

[15] 벨칸토 bel canto : 18세기에 확립된 이탈리아의 가창법으로 화려한 목소리에 중점을 두었다. 로시니는 벨칸토의 어려운 곡들을 자기 아내를 위해 썼다.

1 개인적 운명

이것은 초월적 운명의 해방이 아니다. 바로 여기서 근대인의 태도는 고대인의 태도와 차이가 난다.

고대인의 태도

우리가 초월적 운명을 어떻게 규정하든, 다시 말해 그것을 신도 어쩔 수 없는 것으로 규정하든, 신에 비유해 표현한 것으로 규정하든 고대인들은 운명을 전혀 바꿀 수 없다고 확신했다. 그래서 체념이 유일하게 취할 수 있는 합리적인 태도라고 생각했다. 이런 체념은 예컨대 인도와 같은 그런 문명에서는 과장되었다. 카스트 제도를 보면 윤회에 대한 믿음에 더해 사회적 계급의 숙명까지 덧붙였다. 이로 인해 염세주의가 나타났고 급기야 도피를 통한 구원의 교리들이 출현했다.

그러나 그렇게까지 멀리 가지 않더라도, 우리는 그리스인의 염세주의에 대해 말할 수 있다. 이것은 서정 시인들이나 비극 시인들에게서 나타났다. 물론 그리스인들의 경우, 인간은 직업의 세습이나 같은 신분끼리의 혼인 같은 답답한 한계 속에 갇혀 있었던 것도 아니고 행위의 대가가 신분에 따라 절대적으로 결정되어 있었던 것도 아니다. 하지만 그리스인들은 세상 전체가 자연적이거나 초자연적인 각별한 원인에 연결되어 있으며 이로부터 세상이 생겨났다고 믿었다. 대상이 화가의 그림 이전에 존재했듯이, 완벽한 것은 완벽하지 않은 것보다 먼저 존재했으며 세계는 영원회귀의 운명을 벗어날 수 없다는 것이다. 그래서 동일한 것들이 지상에 다시 나타나리라 믿었다. 왜냐하면 같은 별들이 원을 그리며 돌면서 동일한 자리들을 되찾고 있기 때문이다.

더불어 고대인들의 경제제도는 산업을 몰랐던 시대였기에 우리의 경제제도에 비해 극히 초보적이었음을 생각해보자. 그러면 논리적으로 볼 때, 단번에 확고하게 결정되어 영원히 변치 않게 된 질서를 받아들이는 것이 초월적 운명에 대한 고대인의 태도일 수밖에 없었다. 따라서 최선의 길은 자신의 욕망을 억제함으로써 가능한 한 초월적 운명에 좌우되지 않도록 하는 것이다. 폭풍이 덮친 배는 모든 돛을 졸라맬 것이고 가능한 한 최대로 바람을 타고 항해할 것이다. 고대인들의 이런 태도는 그 세계관으로 설명된다. 나아가 모든 도덕은 하나의 물리학과 하나의 형이상학에 밀접하게 종속되어 있다.

근대인의 태도

그런데 물리학과 형이상학은 르네상스 이후 근본적으로 변해왔지 않은가? 그렇다. 하지만 도덕은 그렇지 않다. 데카르트는 물리학의 응용에 넘치는 희망을 걸었지만 도덕의 진보에서는 매우 망설였다. 안락은 과학에 의해 보장될 터이지만 행복은 그렇지 않다고 생각했다. 그의 후계자들은 더욱 적극적이거나 보다 경솔했다. 그들은 모든 것을 약속했다. 18세기와 19세기 사상가들의 책을 읽으면 우리는 그들이 자연과학에 보여준 무한한 신뢰에 놀라지 않을 수 없다. 그 이유는 지속적인 진화를 통해 세상사가 어쨌거나 미완성 상태에서 완벽한 상태로 점점 더 나아지고 있으며, 인간의 야망에는 한계가 없다고 믿었기 때문이다.

다윈과 성서에 동시에 집착했던 많은 근대 사상가들에게 가장 큰 어려움은, 그들이 『종의 기원』에서 진리라고 믿었던 것과 「창세기」에서 진리라고 여겼던 것을 일치시키는 일이었다. 그 결과 사람에 따라 어느 한쪽에서 출발하는 별로 조화롭지 못한 미봉책이 나왔다. 비록 둘을 양립시키는 일이 불가능하기만 한 것은 아니었지만 말이다. 하지만 두 믿음은 대립적인 원리들에서 출발했다. 영원회귀가 되었든 영원한 신이 되었든 영원에 대한 사상은, 끝없이 진보하리라는 믿음과 잘 맞아떨어지지 않았다. 인간에게 걸 것인지 신에게 걸 것인지, 무한한 가능성에 걸 것인지 준엄한 판결에 걸 것인지 분명히 선택해야 한다.

이런 두 유형의 정신을 두 인물을 통해 설명하고자 한다면, 우리는 프로메테우스와 파우스트를 선택할 것이다. 프로메테우스의 과거는 영광스럽고 파우스트의 미래는 눈부시다. 오늘날 인간을 태어날 때부터 빠져나올 수 없는 원 속에 가두고, 이 원을 부술 수 없게 만드는 뭔지 모를 물리적·경제적 숙명을 받아들이며, 이와 같은 질곡을 신성시하는 것은 가증스럽다고 우리는 생각한다. 도스토예프스키의 책 제목 하나가 나를 몽상케 할 때가 자주 있었다. 제목은 작품을 요약한다. 아니 그보다 작품의 강조점을 나타낸다. 그 제목은 『창피당한 자들과 모욕받은 자들』[16]이다. '비천한 자들'이 아니라 '창피당한 자들'이고 '가난한 자들'이 아니라 '모욕받은 자들'인 것이다. 그렇다면 대체 인간이든 신이든 누가 창피를 주고 모욕을 줄 권리가 있단 말인가? 대체 누가 창피당한 자들과 모욕받은 자들에게 그것이 개인적인 운명이라고, 그러니 감수하라고 권할 권리가 있다는 말인가?

고대인으로의 회귀

창피와 모욕을 줄 권리도 있다고 생각하면 우리는 반항하게 된다. 그런 권리가 있다면 우리에게 모든 것이 허용된다는 느낌이 든다. 하지만 사람들이 생각하는 만큼 그렇지는 않다. 근대인들이 상상했던 것만큼 진정 인간은 스스로 만들어내는 존재가 될 수 있는지 자문해볼 필요가 있다. 결국 그럴 수 없다는 답이 돌아온다. 무한한 진보와 그에 따른 희망의 학설을 믿어서는 안 된다. 사실, 인류는 어제 생겨난 것도 아니고 내일이 보장된 것도 아니

---

[16] 국내에는 『상처받은 사람들』 또는 『학대받은 사람들』로 번역되어 나왔다.

다. 전진하는 발자취마다 추락이 뒤따랐다. 인류는 비틀거리지 않고는 나아갈 수 없다. 여기서 개인적 운명 뒤에 배경으로 자리 잡고 있는 죽음의 문제는 다루지 않고 전면에 놓인 삶만을 다루는 데 만족하겠다. 주목되는 것은 지극히 단호한 행동인行動人, 다시 말해 인간의 가능성을 가장 신뢰하는 사람도 자신이 성공할 수 있다는 모든 확신에도 불구하고 끊임없이 주변을 살핀다는 사실이다. 소심하다고 절대 비난할 수 없는 나폴레옹은 자신이 쓰고 싶은 사람들에 대해 언제나 이런 질문을 던지곤 했다. "저 사람은 복이 있는 자일까?" 신념이 극단적으로 상반되는 사람들도 지극히 단호한 행동에서 어떤 신중함을 견지한다. 이런 점은 종교적 정신을 가진 자들의 입장에서 보면 놀라운 일이 아니다. 종교인들은 무언가 시도하기 전에 하늘을 올려다본다. 설령 하늘의 뜻을 묻는 일을 소홀히 했다 할지라도, 그들은 결국 자신들이 심어놓은 씨앗을 자라게 하는 정성을 하늘에 맡긴다. 기도가 우주에 강제된 미지의 질서와 인간의 자주적 행동 사이의 매개물이 아니라면 무엇이겠는가? 자신을 지극히 신뢰하는 종교적 정신은 자기 혼자서는 아무것도 할 수 없다는 사실을 동시에 믿는다.

하지만 우리는 진보를 믿는 사람한테서도 동일한 태도를 발견하지 않는가? 그가 진보를 믿는 것은 역사를 살펴본 결과 자신이 옳은 방향으로 가고 있다는 답을 얻었기 때문이다. 실제로 역사에 방향이 있다. 그러나 불행하게도 그것은 기독교도인 보쉬에를 읽느냐 무신론자인 마르크스를 읽느냐에 따라 다르다. 그러나 이 두 사람을 읽는 독자들은 그들로부터 그 나름의 강력한 도움을 받지 않겠는가? 생각해보면 참으로 안심이 되고 고무적인 일이지만, 우리 자신이 빚어낸 우리라는 존재는 거대한 초월적 운명에 기대고 있으며, 자유롭게 남아 있으면서도 역설적인 미스터리에 의해 이 초월적 운명의 도구에 지나지 않는다. 장애물이 길 위에 나타날 때, 우리는 흔들리지 않는 전체적 방향에서 볼 때 그것을 하찮은 것이라고 말하면서 치워버린다. 전쟁이 터진다면? 그렇다 해도 그것은 최후의 전쟁이 될 것이다. 아니면 나쁜 사회 체제에서 기인했기 때문에 그 체제가 제거되고 나면 평화가 올 것이다. 물론 경계를 게을리 하지 않는 확실한 평화가 될 것이다. 자유의 행사가 갑자기 중단된다면? 그것은 진정한 자유를 실현하기 위해 필요한 잠정적 휴지(休止)에 불과하리라. 각각의 국민, 각각의 정당은 때로는 수세기 동안 단절된 전통을 원용하면서 자신들의 열망이 총체적인 역사의 방향과 일치한다고 확신한다. 그들의 지도자들은 설령 자신이 없다 할지라도, 성공의 주요 요소인 이와 같은 확신을 두둔해주어야 한다. 이런 확신은 자신감이나 극복 의지보다 훨씬 더 결정적이다.

따라서 근대인들의 태도와 고대인들의 태도는 사람들의 생각만큼 크게 다른 게 아니다. 양쪽 다 이미 실현된 최고선에 기대거나 아니면 실현될 최고선에 기댈 필요성을 느끼고 있다. 전자의 경우 '기도'가 개인과 최고선 사이의 매개물이라면, 후자의 경우 '변증법'이 똑같은 역할을 수행한다고 말할 수 있다. 왜냐하면 변증법은 방해가 되는 상황을 해결하고 행동에 빛을 던져주기 때문이다. 신과 소통케 하는 기도를 그때그때의 개별적 상황의 검토와 결의론[17]을 통해 보완해야 한다면, 우리에게 역사의 방향을 제시하는 변증법은 '전술' 같은 것을 통해 그때그때의 조건들에 맞추어져야 한다.

고대인이 품은 초월적 운명에 대해 지극히 회의적인 사람들조차 또 다른 초월적 운명을 다시 만들어내고 있다. 이 새로운 초월적 운명은, 빛을 보는 데 그토록 힘이 들었던 개인적 운명을 단호히 거부할 수 있다. 우리는 이런 질문을 받게 된다. 당신은 후자를 선택하겠습니까, 전자를 선택하겠습니까? 당신에게는 이제 과거에 절대성을 부여받은 인종이나 진화 또는 계급, 아니면 다른 호의적 신을 내세워 선택할 권리가 없다. 그만큼 인간은 홀로 전율하고 있는 것이다.[18*] 그래서 그는 후견이 필요하다. 그는 지극히 작은 부분밖에 모르는 대자연 속에서 길을 잃었고, 문 밑으로 새어나오는 단 한줄기 빛만이 그 존재를 알려주는 집만큼이나 제대로 알지 못하는 미래 앞에서 당황해 하고 있기 때문이다.

---

[17] 결의론決疑論: 개개의 도덕 문제를 법률조문 식의 도덕법으로 해결하는 방법. 온갖 상황적 조건에 따라 해결하려는 특징이 있다.
[18*] 행동하는 데 있어서가 아니라 사유하는 데 있어서도 인간은 홀로이다.

개인적 운명을 홀로 완수하려 했던 사람들은 흔치 않다. 예컨대 소크라테스는 자신이 간직한 사상을 위해 죽었다. 또 데카르트는 자신의 사상을 위해 살았는데, 그 독창적인 사상에 필요한 인내 이외의 다른 것에 의지하기를 거부했다. 아니, 그보다 자신의 주의를 살피며 이 인내만을 고집했다. 이들은 많은 근대인들보다 훨씬 더 초월적 운명을 거부하고, 다른 사람들보다 더 엄격하게 개인적 운명에 순종했다. 그리하여 소크라테스는 온실에서 과일을 익게 하듯이, 자신에 대한 재판·단죄·처형을 야기해 서두르도록 만들었다. 어떤 의미에서 그는 '세상사'를 이해했기 때문에 자유로웠고, 그로 인해 세상사가 아닌 것에 몰두할 수 있었다.

어느 쪽으로 시선을 돌리든, 우리는 인간이 그토록 강하게 자유의 행사를 요구한 것은 오로지 자신을 초월하는 무언가에 그것을 활용하기 위해서였음을 알 수 있다. 이 무언가는 내가 그들의 개인적 운명이라 부른 내적 존재이거나(그들은 설령 고통의 대가가 따르더라도 이 운명을 완수할 때 행복하다고 느낀다), 아니면 그들의 외부에 있거나 그들보다 우월한 고유의 존재일 텐데, 나는 이을 초월적 운명이라 불렀다. 그들은 이 고유한 존재에 자신을 희생시키는 것을 좋다고 판단한다. 따라서 개인적인 실존 그 자체만으로는 충분치 않은 것이다. 아니면 개인적인 실존은 이중적 측면이 있는데, 그중 보다 더 중요한 것은 궁극적인 모습이라고 말하자. 이것은 수원水原의 물이 궁극적으로 흘러들어 사라지는 강과 같다. 왜냐하면 강은 수원의 존재 이유이기 때문이다.

  모든 것은 마치 우리의 근원적인 본성이 캔버스에 불과하며 우리는 이 본성을 가지고 그림을 만들 의무가 있는 것처럼 일어난다. 지금까지 그랬듯이, 우리는 실존적 삶의 영역에 머물며 이 실존적 삶을 편파적인 증인―편파적인 것은 우리가 제각기 개별적으로 실존하는 주체이기 때문이다―의 입장에서 기술하는 데 만족할 수도 있다. 그럴 경우 우리가 굳이 설명하지 않고도 다만 확인할 수 있는 것은 인간 주체는 변화하지 않을 수 없게 불가항력적인 충동을 받고 있다는 사실이다. 삶의 형태를 바꾸는 이와 같은 변화를 각 개인은 보다 나은 가치의 획득으로 여긴다. (왜냐하면 자신이 타고난 본성이 혁명가이고, 혁명가적 기질을 가지고 태어났으며 이 기질을 발산하지 않으면 억압하는 것이기에 자신을 혁명가라고 생각하는 사람은 아무도 없기 때문이다. 혁명가가 되는 것은 혁명의 필요성과 그것의 고유한 가치를 믿기 때문이다.) 그런데 정말 그렇게 간주해야 할까? 이와 같은 관념(추구되는 목표의 객관적 가치)은 환상이 아닐까? 지금부터 우리가 살펴보아야 할 것이 바로 이 문제이다.

2
목적지

개인적 운명은 때로는 저항할 수 없을 정도로 강력히 호소하기 때문에 우리 각자는 스스로 그것을 만들어가지 않을 수 없다. 하지만 그것이 완성되기 위해서는 희생이 필요하다. 이런 개인적 운명 이외의 어떤 일반적 사명, 다시 말해 인간을 어떤 보편적인 목적으로 이끄는 그런 사명이 존재하는가? 지금부터 그 문제를 제기해보자.

우리는 지금까지 저마다 개인은 본성에 따라 일정한 방향을 따르지 않을 수 없고 그 방향을 다른 사람들의 방향과 다소간 일치시키지 않으면 안 되는 것처럼 추론해왔다. 사실, 개인이 다양한 방법을 통해서 확인해야만 하는 이 방향은 어떤 지도적인 원칙을 전제하는 것일까? 그것은 각각의 주체가 거기에 개인적으로 부여하는 가치와는 독립된 어떤 가치가 있는가? 이것이 가장 중요한 문제이다. 왜냐하면 어째서 인간들은 무분별한 망동의 결과에 불과하다 할 어떤 사명을 따르기 위해 그토록 많은 노력을 할 수 있는지 아주 자연스럽게 자문할 수 있기 때문이다.

우리가 익히 알고 있듯이, 무슨 수를 쓰더라도 의식주를 확보해야 할 경우, 인간은 동물 같은 맹목적인 행동을 드러낸다. 어째서 계속해서 살아야만 하는가? 이것은 동물과 마찬가지로 인간도 자신에게 제기하지 않는 질문이다. 인간도 동물이기에 태어난 이상 살지 않을 수 없는 운명을 느끼는 것이다. 하지만 여기에 더해 인간은 이런저런 인물이 되기 위해 이런저런 일을 하지 않을 수 없는 운명도 느낀다. 더욱 미스터리한 점은 다음과 같은 것이다. 즉 삶이 이미 확실히 보장되어 있는데 어째서 가외의 수고를 자처하는가? 바로 거기에 행복이 있으니, 일 때문에 건강을 해치거나 다른 사람을 위해 자신을 희생하는 사람을 동정할 필요가 없다고 말한 바 있다. 왜냐하면 그는 그렇게 하지 않는 사람들보다 더 강렬하고 더 흥미진진한 삶을 살기 때문이다.

하지만 어째서 부차적으로 이런 노력을 한단 말인가? 우리가 완수해야 할 개인적 운명이 있다면, '종착점'에 이르기만 하면 되며 그 종착점이 하나의 '목적'인지는 생각할 필요가 없다. 그런데 대다수 사람은 '개인적인 운명'뿐만 아니라 어떤 '목적지'가 있다고 생각하는 것 같다. 우선 인간에게 목적지 같은 건 없다고 하는 경우를 보자. 이런 가능성은 때로는 낙관주의 때로는 비관주의라는 두 종류의 감정을 야기할 수 있다.

목적지의 부재와 낙관주의

왜 인간은 목적지를 갖는다고 하는가? 자신이 선택한 역할은 아니지만 최선을 다해 그 역할을 수행하고 나서 인생의 마지막에 다만 "나는 살아왔다"라고 말할 수 있는 것으로 충분하지 않은가? 아니다. 그것만으로는 충분하지 않은 듯하다. 하지만 아우구스투스 황제나 시인 괴테 같은 사람들에게는 충분했던 것 같다.[19*] 이런 의미에서 볼 때, 개인적 운명을 이야기한 후 인간을 위한 목적지에 대해 말한다는 것은 췌사贅辭를 늘어놓는 일일지도 모른다.

세계의 다양성을 조금이라도 알고 그 다양성을 초탈한 구경꾼으로서 조금이나마 관조해본 사람이라면 경도되지 않을 수 없는 것이 범신론적 관점이다. 모든 개인적 운명은 이런 범신론적인 관점에서 볼 때 가치가 있다. 그 내 '가치'는 '존재'의 최대치와 결합되는 것 같다. 왜냐하면 최상은 최대로 강렬하게 존재하는 것이기 때문이다. 뿐만 아니라 각각의 실존적 삶은 그 나름의 개별적 방식이 있고 그 어떤 삶도 다른 삶으로 대체될 수 없기 때문

[19*] 그리고 앙드레 지드의 『테제』에 나오는 테제처럼 말이다. 〔지드의 마지막 작품으로 육체와 정신, 자유와 규율 등 양 극단의 조화를 삶의 가장 높은 형식으로 삼으려는 그의 문학적 결론과 같다. 마지막은 이렇게 끝난다. "인류의 행복을 위해 나는 나의 일을 해왔고 나는 살아왔다."〕

이다.

이런 관점에서 볼 때 알렉산드로스 대왕의 삶은 디오게네스[20]의 삶보다 더 낫지 않다. 각자의 삶은 저마다 개성적 색깔이 있기 때문이다. 이들이 자기 자신에게 가지는 관심에 대해서는 의구심을 가져볼 수 있다. 그러나 이런 애착 때문에 말하자면 자기 의도와는 상관없이 자신도 모르는 어떤 명분을 대변하지 않을 수 없고, 이 명분에 자신을 희생하지 않을 수 없는 경우를 보면 우리는 경의와 공포에 동시에 사로잡히지 않을 수 없다. 개별적인 목표들이 그 자체로 별 가치가 없다고 생각하면 우리는 '회의적'이 될 수 있다. 하지만 동시에 개인이 그 목표들에 부여하는 무한한 가치를 생각하면 우리는 '종교적'이 될 수 있다.

인간은 아무것도 아니다. 자연이 모든 것이고 엄청나게 풍요롭게 생명체들을 증식시킨다. 단 하나의 소망만 표현해본다면, 대자연이 태곳적부터 끊임없이 쏘아 올리는 오색찬란한 생명의 불꽃들이 가능한 한 하늘 높이 올라가 잠깐이나마 지극히 찬란하게 빛났으면 하는 것이다. 높은 산꼭대기에 올라 대도시의 창문들이 불빛으로 환해지는 것을 보는 일만큼 인간의 번성을 보는 일은

---

[20] 디오게네스(기원전 400?~기원전 323): 견유학파의 대표적인 그리스 철학자. 가난하지만 부끄러움이 없는 자족생활을 실천하였다. 일광욕을 하고 있을 때 알렉산드로스 대왕이 찾아와 소원을 물으니, 아무것도 필요없으니 햇빛을 가리지 말고 비켜달라고 하였다는 말은 유명하다.

즐겁다. 왠지 모르지만 우리를 행복하게 해주는 또 하나의 즐거움이 있다. 그것은 넘쳐흐름의 신비이다. 선도자先導者들은 자신의 주변에서, 또 자신의 도움으로 태어나는 만물의 끊임없는 재생에 경탄하면서 이 신비를 느끼게 되어 있다. 이것은 무엇 때문에 생기고 저것은 무엇 때문에 생기는가? 나는 아무것도 알지 못하지만, 이것에 더해 저것이 있고 또 다른 것이 있다는 사실에 행복할 뿐이다. 나는 신처럼, 루크레티우스[21]의 자연처럼, 인도의 무분별한 창조신 브라흐마처럼 행복하다. 이것이 신중심적인 관점이다. 애석하게도 우리는 인간이기에 이 관점을 채택할 수 없다.

첫 번째 입장 표명

매우 초연히 우주를 관조할 때 내가 얻는 심미적이고 종교적인 그 행복한 도취의 순간을 누리다보면 벌써 '나'는 이런 입장을 취하여 말할 수 있다. "목적지의 문제는 나의 관심 밖이다." 자유의 최고 행위는—나처럼 그것을 의식하고 있는 모든 인간들한테는—자신의 고유한 본성을 온전히 실현하는 일인데, 분명 나는 이를 위한 시간이 충분하지 않았다고 불평할 수 있다. 하지만 그

---

[21] 루크레티우스(기원전 96~55): 로마의 시인·철학자. 시 형식의 대표작 『사물의 본성에 대하여』에서 유물론적 세계관을 전개했다.

런 불평은 기만적인 것이리라. 왜냐하면 중요한 것은 외적으로 나타난 성과라기보다는 사유의 방향이기 때문이다. 그런데 '내' 안에 새겨진 것을 표현하기 위해 어떤 내적 필연성의 영향 속에서 내가 글을 쓰고 있는 이 순간에, 나는 내 행위가 나의 본성과 오직 하나되게 할 수 있고, 나를 초월해 있는 계획을 내심의 결정으로 변화시킬 수 있다. 요컨대 나는 기하학적 도형들 사이의 합동과 유사하게 이 계획과 결정 사이의 어떤 일치를 실현할 수 있다. 나는 이제 더 이상 불안도 없고 희망도 없으며 존재를 있는 그대로 껴안는다.

시간을 부정하는 이와 같은 순간은 영원의 문이다. 찰나를 노래하는 시인들과 무념무상을 노래하는 신비주의자들이 경험했던 것이 바로 이런 순간이다. 하지만 우리는 여기에 머무를 수 없다. 왜냐하면 우리의 실존적 삶은 시간 속에 잠겨 있고, 계속해서 살아간다면 우리는 인간이란 사실을 다시 의식할 것이기 때문이다.

목적지의 부재와 비관주의

우리는 인간이기에 삼라만상의 목적지를 찾지 않을 수 없고, 따라서 '나' 자신의 목적지를 찾아야만 한다. 어린아이는 자신의 주변에 보이는 사물들이 무엇에 소용되는지 계속해서 묻는다. 그 대상이 포크일 때는 대답이 쉽지만, 바다나 별 따위처럼 인간의 기술로 만들어진 게 아니라면 그 대답은 쉽지 않다. 이 경우, 어른이라면 더 이상 문제를 제기하지 않는다. 아니 그보다 그런 질문을 하지 않으려 애쓴다. 그렇지만 질문은 제기되지 않을 수 없다. 우리 시대와 다른 시대들에서는 매우 적절한 대답이 발견된다. 즉 만물은 목적지가 있으며 인간 역시 목적지가 있다는 것이다. 우리 인간은 실험과학이 발전하고 종교의 힘이 약화됨에 따라 자기가 만들지 않은 사물들이 무엇에 소용되는지 점점 더 알 수 없게 되었다. 또 그것들은 인간의 도구라는 측면에서 더 이상 고찰되지 않으며, 인간 스스로가 그 자신보다 더 강력한 누군가의 도구 구실을 하지 않나 의심한다. 따라서 그의 비전은 필연적으로 비관적이다.

하지만 다음과 같은 관념을 머릿속에 두시 않았다면 비관적이 되지는 않았으리라. 즉 세계는 존재 이유가 있어야 한다는 것이다. 이로부터 실망이 비롯되었다. 살고자 하는 의지는 궁극적인 희망의 질문에서 좌절을 맛보기 때문에 부조리한 현상처럼 나타난다. 사람들은 이 의지가 충족되어야 한다는 것을 당연하다고 여긴다. 하지만 의지가 실망을 맛보는 것은 '당연하다'고 여기지 않는다. 그러나 우리가 편파적이지 않고 공정하게 생각한다면 인정하지 않을 수 없는 사실이 두 가지 있다. 즉 한편으로 인간은 태어날 때 아무런 약속도 받지 않았고, 그 누구도 그에게 질병·늙음·죽음을 면해준다고 약속하지 않았다는 것이다. 다른 한편으로 선과 악은 동일한 처방이 약이 될 수도 있고 독이 될 수도 있기에 붙여진 두 개의 꼬리표이다. 따라서 악을 받아들이지 않고 선만 원한다는 것은 터무니없다. 나에게 나쁜 것이 다른 사람에게는 좋을 수 있다. 나의 신체가 병이 들면, 나의 세포조직 가운데 어떤 부분은 좋아질 뿐이다. 세포 자체는 불멸이다. 우리는 즐거움을 알기에 고통을 느끼는 것이다. 고통을 하소연하는 것은 마치 날마다 축제가 아니라고 불평하는 것과 같다. 평범한 날이 없다면 축제도 없다. 죽지 않을 수 없음을 한탄하는 것은 태어남을 한탄하는 것이다. 일반적으로 말해, 그것은 살아 있기 위한 조건을 이해하지 못하는 일이다.[22*] 사람들은 도박에서 언제나 돈을 따기만 바라지 결코 잃기를 원치 않는다. 터무니없는 것은 언제나 포기가 가능한 도박 자체가 아니라 이런 욕망이다.

그렇지만 가장 고귀한 인간의 열망도 삶이 멈춤으로써 실현되지 못하는 것 같다. 이 때문에 다음과 같은 문제가 비롯된다. 단 한 번밖에 살지 못하며 어떤 것으로도 대체할 수 없기에 그토록 소중한 삶이 기어코 결정적으로 희생되는 것은 어찌된 일인가?

[22*] 그렇기 때문에 힌두교도의 비관주의는 논리적이다. 그들은 죽는 것보다는 차라리 다시 태어나지 않으려고 애쓴다.

이유가 없다. 예술과 학문, 삶의 즐거움이나 풍요로움조차도 죽음이 파놓은 그 명명백백한 무덤을 감추는 데는 역부족이다. 어떤 상처도 사랑하는 사람의 죽음이 주는 상처만큼 고통스럽지 않다.

이와 같은 생각을 하다보면, 삶을 매우 혐오할 수도 있고, 모든 욕망을 꺼버림으로써 삶의 원천 자체를 말라버리게도 할 수 있다. 일부 철학들이 이런 견해를 드러내지만 니체 이후 우리 현대인들의 견해는 아니다. 현대인들은 상황이 나쁘면 나쁠수록 그것을 더 나쁘게 해야 한다고 생각한다. 삶이 의미가 없다고? 그렇다면 전혀 의미가 없는 것들을 하자. 이것이 피하고 싶은, 곤경에 빠진 미련퉁이 우리 현대인들의 철학이다.

우리의 열망과 별 관계가 없는 어떤 현실 앞에서 인간이자 개인으로서 우리가 취할 수 있는 태도는 두 가지이다. 어떤 이해할 수 없는 의지에 따라 우리가 코미디를 해야 한다면, 하나는 이를 용납하지 않는 것이고, 다른 하나는 이 코미디의 광경에 경탄하는 것이다.

포스트 목적지

주어진 상황에서 행동을 통해 또 행동을 믿고 결정하는 게 가능하지 않을까? (미리 심사숙고한 가치에 따른 것이 아니라.) 인간은 사전에 확고하게 규정된 본성을 지니고 있지 않다는 점에서 보면, 우리는 정해진 목적지가 없다 할 것이다. 하지만 목적지를 스스로 만들 수는 있으리라. 즉 자기 운명의 제작자가 되는 것이다. 인간에 대한 이와 같은 견해에는 위대함이 없지 않다. 그것은 루크레티우스의 견해이다. 이 시인 철학자는 대지에 출현한 최초의 인간들에 대해 절망적인 묘사부터 시작한다. 그 이유는 인간이 동물처럼 자연적인 방어능력도 없었고 도구를 스스로 만들어야 했으며 의복도 직접 확보해야 했기 때문이다. 참으로 비참한 상황이었다. 인간은 기술을 통해 이런 상황해서 조금씩 벗어나 오늘날 보는 것과 같은 상태까지 점차 발전해왔다. 인간이 헛된 내세로 인해 생기는 공포를 무시할 줄만 안다면, 그 어디인들 이르지 못하겠는가? 어떠한 야망도 그에게 허용되는 마당이다. 그런데 마치 인간이 정해진 울타리 속에 갇혀 있는 것처럼, 지금까지 사람들이 '인간의 본성'을 그렇게 이야기한 것은 잘못이었다. 변화할 수 있는 잠정적인 상태를 나타내는 '인간의 조건'이라는 말을 써야 한다.

우리 시대에 불안과 희망이 결합된 상태는 무척이나 매력적이다. 그것은, 죽음을 면할 수 없고 오늘날 평범한 삶을 살 수밖에 없는 인간의 상황이 불러일으키는 감정을 설명해줄 뿐 아니라 이미 목격한 무한한 진보의 가능성을 설명해준다. 그것은 인간의 위대함과 비참함에 대해 파스칼이 제시한 이미지를 인간적·역사적 차원으로 옮겨놓고 있다. 앙드레 지드는 "인간은 인간에게만 관심을 가진다"라고 말했다.

목적은 창조되는가?

목적을 창조할 수 있다는 점, 이것이 혁명적인 태도이다. 하지만 도중에 멈추지 말고 끝까지 이 태도를 추적해보자. 이 태도에 따르면, 인간은 개인의 차원에서 자기 운명을 스스로 주조해야 할 뿐 아니라, 하나의 종種에 속한 존재이자 일반 인간의 차원에서 보편적 목적지를 자신에게 부여해야 한다. 그러나 개인이 미리 고정된 도달 목표를 자기 앞에 갖고 있지 않듯이, 인간도 그런 목표를 가져서는 안 된다. 그는 인간적 가치를 창조해야 한다. 그는 표적으로 삼아야 할 목표를 눈앞에 가지고 있는 게 아니다. 개인은 이런저런 상황들 사이에서 선택해서는 안 되고 '지기 자신'을 선택해야 한다. 인간은 이런저런 사상에 동조해서는 안 되고 자신의 진실을 창조해야 한다.

이와 같은 견해에서 보면, 인간은 세상을 변화시킬 확고한 이상이 반드시 있는 게 아니다. 그런 계획을 실현하려는 희망을 품지 않는다. 무언가를 '창시'하는 게 아니라 '변화'시키는 데 노력을 기울인다. 그의 업적은 작업 과정에서 예기치 않은 방식으로 이루어지고 부지불식간에 완성된다.

이와 같은 태도를 취하는 것은 인간이 완성한 진보를 이끌어내기 위해 내세웠던 명분을 부정하는 일이다. 또 세상을 바꾸겠다고 나온 모든 지침을 없애는 일이다. 가치들이 자리 잡고 있는 초월의 차원에서 보면, 행동만이 진실하기에 그 어떠한 가치도 진실하지 않다. 19세기의 혁명가와 20세기의 혁명가조차도 이러한 태도에 직면하면 불안에 떨 수밖에 없으리라. 그들은 확고한, 적어도 역사의 지평에서 볼 때 확고한 가치들에 준거하는 데 익숙하기 때문이다. 이 가치들은 이성에서 비롯된 것이어야 하고 이성에 의미가 있어야 하는 것이다. 이런 혁명가는 우리가 위에서 말했듯이, 중도에서 멈추는 사람이다. 왜냐하면 그는 판단을 내리는 자와는 독립된 가치들이 존재한다고 생각하기 때문이다. 반면에 완전한 혁명가는 모든 가치는 (인간이 내린) 평가의 결과물이라고 생각한다. 전자는 합리주의자이고 후자는 합리주의자가 아니다.

목적은 발견되는가, 창조되는가?

그러나 양쪽 혁명가 모두가 믿는 이와 같은 포스트 목적지는 대부분의 사람들 경우에 그들이 믿고 실현하고 싶은 기성의 가치들을 상정케 한다. 사실, 미리 계획하고 실현해야 하는 성과물에 대한 믿음이 없다면 행동에 돌입할 사람은 거의 없을 것이다.

벽돌공들은 건축업자가 나름의 복안이 있다고 생각한다. 그들은 지정된 장소에 마루판을 깔라고 건축업자한테 지시를 받으면 가 건물이나 다른 무서을 짓기 위해서라고 생각한다. 언제나 사람들은 행동하기 위해서는 구상이 필요하다고 여긴다. 하지만 목적이 존재하지 않는다는 견해가 일반화된 문명을 상상해볼 수 있다. 그런 문명에서는 그날그날 되는대로 살아가는 인간은 사건을 안내자로 삼을 것이다. 그는 사건을 일으키는 데 일조하고, 그것을 출발점 삼고 다음 사건을 기다리게 된다. 이때 우리가 이런 행동에 확신이 있다면, 우리는 이런 결정에 기여할 수 있는 모든 것을 도덕적이라고(다시 말해 그 자체로 가치가 있다고) 간주할 것이다.

한편, 다른 사람들 역시 세상의 변화를 지지하는 자들이기 때문에 도덕적인 모든 것에 대해 찬성한다고 말할 것이다. 그들은 합리주의자들이다. 프랑스 혁명의 위인들이 그렇다. 그들이 강세하고자 했던 질서는 이성이 명령한 것에 지나지 않았다. 그들의 이성이 모든 인간의 이성이라 상정했던 것이다. 하지만 그들 가운데 가장 위대한 인물인 생쥐스트[23]의 책을 읽으면, 그가 공포를 통해 이성을 강제하고자 했다는 사실에 놀라움을 금할 수 없

---

[23] 루이 앙투안 드 생쥐스트(1767~94): 프랑스 혁명기의 정치가. 로베스피에르와 함께 자코뱅당 독재와 공포정치의 확립에 힘썼다. 수려한 외모를 지닌 그가 냉혹한 혁명 활동을 펼쳐 사람들은 그를 '공포정치의 대천사'라 불렀다.

다. 정말 반이성적인 일이 아닐 수 없다. 그 후로 생쥐스트의 방법을 추종하는 자들은 그의 이상은 포기하는 대신 그의 방법을 이상으로 간주했다. 이처럼 혁명가는 두 태도 사이에서 흔들린다. 하나는 구속을 가하지만 안심하게 만드는 합리주의적인 태도이고, 다른 하나는 해방을 가져다주지만 불안하게 만드는 비합리주의적인 태도이다.

가치는 창조된다

어떤 각도에서 우리는 인간에게 목적지 역할을 해줄 영원한 가치를 믿을 수 있을까? 우리는 이 가치가 객관적이라고 믿지 않는다. 그것이 객관적이라면, 대부분의 사람들에 의해 어느 정도 받아들여질 것이고 계속해서 문제가 제기되지는 않을 테니까. 그런데 실제로 사람들은 이제 그 어떠한 훌륭한 가치도 객관적이지 않다는 태도를 보이고 있다. 환경에 대한 생각을 따를 때를 제외하면, 다시 말해 아무것도 생각하지 않을 때를 제외하면, 함께 가야 할 보편적인 목적지에 대해 사람들의 견해가 일치하는 경우를 어디에서 볼 수 있단 말인가! 그렇다면 심금을 울리는 비합리적인 방식을 통해서만 실현될 수 있는 자칭 합리적인 가치들은 무엇인가? 그 가치들을 장악한 자들은 아무도 진실을 벗어날 수 없다는 구실을 내세워 다른 사람들에게 이 가치들을 강제하려

하지 않는가!

뿐만 아니라 이런 가치들, 곧 목적들은 똑같이 신성한 것으로 간주된다 할지라도 서로 간에 차이를 드러낸다. 그것들은 한 민족의 위대함이 될 수도 있고, 한 계급의 지배권이 될 수도 있으며, 공동체의 신성함이나 영웅주의 또는 평등 따위가 될 수도 있다. 또 사보나롤라,[24] 레오 10세,[25] 표트르 1세[26] 같은 인물의 이상이 될 수도 있다.

주목해야 할 점은 이런 목적들이 서로 양립할 수 없다는 것이다. 하지만 그 양립 불가능성이 처음에는 눈에 띄지 않는다. 의사가 의사 노릇을 제대로 하려면 가족을 소홀히 하고 환자를 속여야 하는 경우가 자주 있다. 변호사는 누구보다도 속임수를 쓰고 거짓말을 해야 할 때가 있다. 구성원들에게 ―사상·사유재산·언론·행동 따위의― 자유를 최대한 보장하려는 사회는 바로 그로 인해 개인들 사이의 불평등과 강자에 의한 약자의 억압을 조장할 수 있다. 정의를 엄격히 세우려는 사회는 도리어 모든 자유

---

[24] 지롤라모 사보나롤라(1452~98): 이탈리아의 도미니크 수도회 수도사. 교회 개혁을 부르짖다가 이단으로 몰려 화형당했다.
[25] 레오 10세(1475~1521): 학예와 예술을 애호한 전형적인 르네상스 풍 교황. 성 베드로 대성전 건축 기금을 마련하기 위해 면죄부 판매를 승인해 1517년 루터의 종교개혁을 촉발시켰다.
[26] 표트르 1세(1672~1725): 러시아 역사상 가장 뛰어난 통치자이자 개혁자. 러시아 제국을 이룩한 인물이다.

를 없애는 압제를 실행하지 않을 수 없는 경우가 생길 수 있다. (참여 지식인들의 역할은 이와 같은 목적들이 양립 불가능하지 않다고 주장하는 것이다. 그들은 자신들의 욕망을 만족시켜주는 목적에서 출발해 다른 목적들이 그것과 잘 합치한다는 점을 보여준다. 그들은 이런 합치가 지금 당장은 아니라 해도 얼마간 시간이 지나면 드러나리라 말한다. 왜냐하면 사회적인 입장에서 보면 시간의 문제는 중요하지 않기 때문이다.)

이런 목적들이 구현하는 가치들은 결단코 객관적이 아니다. 이 사실을 즉각 솔직하게 말하는 게 좋다. 그것들은 실현될 수 있고 객관적이 되어질 수는 있다. 그리하여 이른바 영원한 목적들처럼 제시된다. 하지만 이는 문명이 낳은 산물들에 불과하다. 예컨대 가치체계에서 어떤 것은 중국문명을, 또 어떤 것은 인도문명을, 그리고 또 어떤 것은 그리스문명을 특징짓는다. 유럽에 사는 우리는 대개 유대-기독교와 혼합된 그리스문명을 준거로 삼는다. 하지만 이러한 가치체계들이 인간에 의해 만들어지고 난 뒤 권력과 습관에 의해 객관적이 되었다는 점을 잊어서는 안 된다. 그 이상 그 이하도 아니다.

따라서 가치들이 획득한 객관성은 인위적이며, 석회질처럼 응고된 것이다. 다른 개인적 운명들보다 더 강력한 하나의 개인적 운명이 일반적 목적지에 대한 결정된 관념을 사회에 강제했다. 이 관념은 잉크처럼 번지면서 객관적 가치가 되었고 각 개인의 의식 속에서 개인적 운명에 대한 관념과 포개졌다. 소크라테스는 자신의 개인적 운명을 완수했다. 그런데 그의 영향력이 매우 강하다보니 이 개인적 운명이 많은 제자들에게 모델 같은 역할을 한 것이다![27]* 가치의 객관성은 그것의 주관적 출발점을 망각한 데서 나온다. 오늘날 예술에서 볼 수 있듯이, 새로운 미美가 탄생하고 있을 때 우리는 그것을 알아보지 못한다. 왜냐하면 그것은 우리 눈에 익숙한 미와 일치하지 않기 때문이다.

우리가 원했거나 망각한 목적지는 우리의 개인적 운명이 된다

이렇게 해서 인간은 저마다 자신을 끌어당기는 특유한 목적이 만물의 본성에 새겨진 것이 명백히 아닌데도, 그 목적에 과도한 가치를 부여한다는 사실이 설명될 수 있을 것이다.

플라톤은 『국가』에서 에르 신화[28]를 통해 이렇게 상상하고 있다. 즉 영혼들은 지상에 태어나기 전에 자신들의 운명을 선택하는데, 처음에는 이 운명의 이점밖에 보지 못하지만 태어난 뒤에는

---

[27]* "위대한 행동 치고 그것이 행해지는 순간에 극단적이지 않은 경우가 있을까? 그 행동이 완수되고 난 후에야 그것은 보통의 다른 사람들에게 가능한 것처럼 나타난다." 스탕달, 『적과 흑』, 제12장.
[28] 플라톤의 『국가』 말미에 실린 이야기로 에르라는 인물이 전사한 뒤 12일 만에 기적적으로 살아나 그동안 저승에서 본 것들을 알려주는 내용이다.

부정적인 측면도 감수하지 않으면 안 된다는 것이다. 에르가 보는 앞에서 운명을 선택하는 첫 번째 인물은 자신의 선택이 가져올 끔찍한 결과를 생각해보지도 않고 가장 큰 나라를 통치하겠다고 한다. 보다 현명한 율리시스는 오랜 여행에 지친 나머지 단순한 사람의 눈에는 띄지 않는 그런 삶을 선택한다.

이처럼 각자는 자신이 더 낫다고 생각하는 목적지를 염두에 두며, 이 목적지는 일단 선택되고 나면 그의 개인적 운명이 된다. 따라서 개인적 운명이 각자에게 신비롭고 절대적으로 나타나는 것은 놀라운 일이 아니다. 왜냐하면 그가 선택했기 때문이다. 그런데 그렇게 선택했다는 사실을 그가 기억하지 못한다고 누군가 반박한다면, 자신도 모르는 사이에 플라톤의 상기설[29]의 신봉자가 된 정신분석학자처럼 이렇게 대답할 수 있다. 당신은 태어난 후 첫 몇 년 동안에 선택을 했고 지금은 당신이 되기로 선택한 것을 매일같이 겪고 있다고 말이다.

그렇다면 자신의 운명을 다른 사람의 운명과 바꾸고 싶은 사람이 누가 있겠는가? 저마다 나누어 받은 게 조금밖에 안 된다고 불만을 토로하지만 자신이 받고 있는 것을 계속해서 욕망한다. 예컨대 탐욕스런 인간은 돈을 벌기 위해 선택한 직업에서 돈

---

[29] 상기설想起設: 플라톤의 진리 인식에 대한 학설. 인간의 영혼이 지상의 생활을 함으로써 망각하게 된 이데아를 연상을 통해 상기해내는 것이라는 이론.

을 충분히 벌지 못한다고 불평하지만, 자신이 돈을 벌기 위해 만들어진 것에 대해서는 불평하지 않는다. 저마다 인간은 자신의 개인적 운명에 충실해야 하고 이 운명에 따르기 위해 모든 희생을 치러야 할 이유가 있다. 그가 목적지를 미리 선택했기 때문이고, 자신의 본성을 결국 구성하게 되는 이 선택을 매일같이 시인하기 때문이다. 그러므로 우리는 상인한테는 부자가 되라고, 지식인한테는 좋은 생각 많이 하라고, 예술가한테는 소질이 있기를 요구할 수 있는 권리가 있다. 모두가 상황을 바꾸기를 원하지만 본성을 바꾸고 싶지는 않을 것이다. 왜냐하면 자신의 본성을 사랑하기 때문이고 행동 하나하나는 찬반을 묻는 주민투표 같은 것이기 때문이다. 따라서 개인적 운명의 숙명이란 허상이다. 이 운명을 결정하는 목적지는 자유롭게 선택되기 때문이다.

개인이든 사회든 결국 각자의 운명 속으로 진입함에 따라 빛나거나 아니면 흉측한 모습을 띠며 끝이 난다. 그런데 누구의 눈에 빛나고 흉측하게 보인단 말인가? 때때로 제과점에서 우리는 명예와 부를 이루었지만 얼굴에 온갖 악덕의 흔적을 드러내는 늙은이를 만난다. 또는 시골에서 가난하지만 덕망 있고 천진한 눈으로 약용 식물을 채취하는 늙은이를 만난다. 어째서 그들에 대하여 이처럼 동일하게 판단하는가? (누구도 그들을 판단할 권리가 없는데도, 이렇게 그들은 심판되고 있다.) 우리는 우리 안에 심판관을 지니고 있다. 하지만 그 심판관이 어떤 법정에 속하는지 알지 못한다.

우리가 방금 말한 모든 것은 다음과 같은 취지와 일치한다. 즉 인간은 가치를 단정하기 위한 기준을 갖고 있지 않으며, 가치론은 어떤 기준체계에 토대하는 게 아니라는 사실이다.

가치의 창조와 최상의 가치

이른바 객관적이고 영원한 가치들은, 그것에 자기 자신을 바치는 사람들에게는 가치가 있지만 그 자체로는 아무런 가치도 없다. 죽음을 생각하면, 우리가 선택한 문명이 승리하고 있는지 아는 것은 거의 중요하지 않다. 나는 그 객관적이고 영원한 가치들을 긍정하지만 그것들을 부정하기 위해서이다. 왜냐하면 나는 그 가치들의 보잘것없는 성질을 잘 알기 때문이다. 인간의 상황은 비극적이다. 그 비극적 상황을 이 세계 속의 상황으로 한정하고, 각자의 야망을 보다 나은 사회 건설로 축소하며, 형이상학적인 문제는 제거하여 불필요한 것으로 만들자고 제안한다면 예외 없이 누구나 받아들일 수 있으리라. (거리를 두고 멀리서 바라볼 때) 인간끼리 우애가 있었던 아테네 문명에 나보다 더 감탄하는 사람은 없을 것이다.

하지만 또한 나는 아테네에서 극적이고 종교적이면서도 비종교적인 측면을 동시에 본다. 이 측면은 니체가 강조하는 바, 인간의 노력에 한계를 매우 분명하게 긋고 있기 때문에 오히려 용기를 북돋운다. 왜냐하면 그리스인들만큼 대담하고 절망한 민족은 없었기 때문이다. 그들의 문명이 그토록 빛났던 것은 그 문명이 어둠의 지대로 둘러싸여 있었기 때문이다. 이성이 창조한 가치들은 18세기와는 달리, 모욕적일 정도로 적나라하게 노출되지는 않았다. 가치들은 그 가치들을 둘러싸면서 넘어서는 무언가 생생하게 존재하는 어떤 것에 결부되고 매달려 있었다.

이러한 조건에서 가치들은 의미를 되찾는다. 정의는 법과 경찰에 의해 행사될 뿐 아니라 우리의 관습 안으로 들어올 때 의미를 되찾는다. 인류애는 어떤 사람을 위해 실질적으로 발휘되지 않는다면 아무런 의미도 없다. 파스칼은 거지를 맞아들여 자신의 방에 재웠다. 도스토예프스키는 『카라마조프의 형제들』 도입부에서 수도원의 은자한테 문의하러 가는 순례자를 통해 이렇게 말한다. "나는 인류가 나로부터 멀리 있을 때 인류를 사랑한다. 하지만 누군가가 나와 함께 살자마자 나는 그의 작은 습관 하나도 견딜 수 없다."

한편 어떤 사람들은 인류를 사랑하고, 니소스와 에우리알로스[30]가 하나되는 섬세한 감정을 교양 차원에서 감상하지만, 정작 자

---

[30] 니소스와 에우리알로스는 로마 신화에서 동성애를 하는 인물들로 베르길리우스의 『아이네이스』에 등장한다.

신들 곁에 살고 있는 사람들에게는 무심한 경우가 종종 있다. 가치들이 객관적이지 않다는 사실에 애석해할 필요는 없다. 그렇다고 가치들이 현실의 개별 사람들과 밀접하게 결부될 때는 의미를 완전히 잃어버린다고 말해서도 안 된다. 그것들은 적어도 한 가지만은 입증한다. 어떤 것의 가치를 결정하기 위한 평가 능력 말이다.

초월적 존재

우리 인간이 자기 자신을 넘어설 수 있다는 사실을 이해하기 위해서는 완전한 한 인간이 되어야 한다. 물론 가치들은 인간에 의해 창조되지만 평가 능력은 창조되는 것이 아니다. 그런데 때때로 이 능력 때문에 우리가 조금 전까지 매우 높이 평가했던 것이 아무것도 아닌 게 돼버리기도 한다. 의식은 이처럼 가치를 구축하고 난 후 파괴하는 능력을 드러내기도 한다. 그와 같은 파괴력은 매우 특징적이어서 하나의 정신현상학에 원리 역할을 할 수 있었다. 왜냐하면 우리가 정신을 기술하는 데 만족하지 않고 그것을 설명하려 할 때 알 수 있듯이, 평가 능력은 어떤 것의 존재가 매우 가치가 있어 다른 모든 것을 하찮게 만들어버리고 있다는 직관적 인식을 전제로 하기 때문이다.

그러므로 우리의 입장이 실존주의가 내세우는 가치 비판[31]과 비슷하다 할지라도, 실존주의가 평가 행위를 덧없는 문제로 치부해 과소평가한다고 생각될 때 우리는 실존주의로부터 멀어진다. 레이몽 폴랭[32]은 『가치의 창조』 마지막 페이지에서 이렇게 쓰고 있다. "인간은 각자 자기 자신을 초월하는 방향과 범위를 선택해야 하고 본질적으로 불확실한 상태에서 모든 한계 설정을 넘어서 자신의 가치와 행동을 결정해야 한다." 우리는 폴랭의 입장에 동의한다. 그는 또 이렇게 덧붙이고 있다. "그런데 자기를 초월하는 행위의 구조는 본질적으로 주관적이다. 인간은…… 자기 자신에만 의존할 뿐이다. 이처럼 자신에 의한 자신의 창조를 통해서 그는 자기 자신의 토대를 설정한다. 그는 자신이 획득하는 확신과 자신이 창조하는 작품에 대해서 책임을 짐과 동시에 그만한 능력이 있는 신과 같다."

우리가 이와 같은 결론에서 동의하지 않는 부분은 결론의 표현이 아니라 결론을 이끌고 있는 정신이다. 그것은 많은 우리 현대인들의 정신이기도 하다. 주관적 정신 말이다! 그들은 마치 개인

---

[31] 실존주의는 우리의 선택과 행동을 선험적으로 정당화시켜주는 가치가 없기 때문에 선택에 대한 책임은 오로지 우리에게 있다고 주장한다.
[32] 레이몽 폴랭(1910~2001): 프랑스의 철학자. 자유에 관한 탐구를 집중적으로 펼쳐냈다. 가치들의 주관적 창조를 제창하고 현상학을 가치 현상 연구의 방법으로 받아들인다. 대표 저서로 『가치의 창조』가 있다.

과 인간이 만들어내지 않는 초월적 진리에 도달할 수 있는 아무런 희망도 더 이상 존재하지 않는다는 듯이, 주관적이라는 이 낱말을 사용한다. 그런데 자기 초월 행위의 구조가 본질적으로 주관적이라 할지라도, 이 행위는 어떤 현실을 목표로 하지만 이 현실은 주체가 생각하는 그런 현실이 아니다. 주체의 구성 자체, 다시 말해 주체의 창조 능력이 이런 초월적인 현실을 간파해낸다. 하지만 빛은 빛을 받는 대상 속에 있는 것이 아니라 빛을 비추는 램프 속에 있듯이, 주체는 이 초월적 현실이 그의 내부에 있는데도 그가 마주하는 외부 대상들 속에 존재한다고 잘못 상정한다. 따라서 인간이 자기를 초월하는 행위를 완수할 수 있는 것은 오로지 그의 내면에 자신을 넘어서게 하는 초월적 존재가 있기 때문이다.

달리 말하면 인간은 창조하지만 자신의 의지로 창조하는 것이 아니다. 그가 개인적 운명을 '만들고' 있다면, 그것은 자신의 본성을 초월하는 행위를 하지 않을 수 없게끔 만드는 이 내면적 존재가 '하는 대로 자신을 내맡김으로써' 이루어진다. 인간 일반의 목적지는 한편 인간의 자격으로 자신을 완성하는 것이며, 다른 한편 그것은 자기 초월을 지향하기 때문에 인간의 자격으로 자신을 부정하는 것이다. 인류는 그 자체로서의 목적을 가지고 있지 않다. 평가를 통해서 인류는 모든 것이 상대적으로 가치가 있을 뿐 절대적으로 가치 있는 것은 아무것도 없음을 안다. 바로 이

상대적인 것을 통해 우리는 절대적인 것에 대해 배운다.

하지만 절대의 존재는 세계라는 장식융단 뒤에 숨어서 움직인다. 우리는 그것을 볼 수 없지만, 그것은 가시적인 것들보다 더 활동적인 비가시적인 것을 통해 자신을 드러낸다. 마치 저녁 파티를 준비해놓은 집주인이 숨어 있어서 보이지 않는 것과 같다.

두 번째 입장 표명

첫 번째 결론에서 실존적 존재란 그것을 구성하는 모든 부분들을 통해 드러내는 영광스런 '현존'만으로 충분하며, 그래서 어쩌면 인간적 의미의 목적지는 없다고 우리는 말했다. 하지만 분명한 것이지만, 저마다 자신의 삶에 이해할 수 있는 방향(의미)을 부여하지 않으면 안 되는 그 필요성에 대해 우리가 깊이 성찰했을 때, 개인이 어떤 소명에 자신을 바치듯이 인간은 어떤 범주의 이상理想에 자신을 바치도록 만들어졌지 않나 상정하게 되었다. 이어서 개인의 차원을 넘어서는 보편적 가치들은, 어떤 궁극에 있는 목적지의 '부재'로 인해 다양하게 나타나는 다른 실존적 삶들 앞에서 차례로 없어지는 것 같았다. 마치 인간이 하나의 지수함수인 것처럼, 우리는 인간이 자신의 가치추구를 '무효화'하기 위해 가는 최종 목적지가 무엇인지 점진적으로 탐구했다.

르 메트르 드 사시[33]와의 대화를 통해 알 수 있듯이, 파스칼은 포르루아얄에서 두 명의 스승을 만났다.[34] 하나는 그에게 과학을 가르치고 다른 하나는 그에게 과학을 멸시하는 방법을 가르친다. 주목되는 것은 두 스승이 매우 다르고, 비인격적인 진리의 영역이 인간 실존과 관련된 목적지의 영역을 잠식하지 않았다는 점이다. 또 하나의 스승이 다른 스승을 계승했고 앎에 이르기 전에는 평가하는 일은 삼가했다는 것이다. 끝으로 자연과학의 영역에 머물든 정신과학의 영역에 머물든 후자가 전자의 영역을 대체할 수 없기 때문에 둘 다 완벽하게 정당했다는 것이다. 하지만 둘 사이에 위계를 확립하여, 예컨대 공자의 이성보다는 노자의 비이성을, 아리스토텔레스의 조화보다는 플로티노스의 과도함을 선호하는 행위는 허용된다.[35] 인간은 유한한 존재이기에 그에게 끝이

---

[33] 루이-이삭 르 메트르 드 사시(1613~84): 프랑스의 신학자이자 인문주의자. 포르루아얄의 사제로 수녀들과 은자들의 영적 지도를 담당했다. 1664년 라틴어 성경을 프랑스어로 최초 번역했다(이른바 '사시 성경' 또는 '포르루아얄 성경'으로 불린다).

[34] 1655년 1월 7일, 파스칼은 포르루아얄을 찾아가 2주간 머물며 고해신부였던 드 사시와 철학적·종교적 대화를 나눈다. 이는 「드 사시와의 대화*Entretien de Pascal avec Maistre de Sacy*」라는 제목으로 퐁텐(사시의 비서)의 『회고록』 속에 전해진다. 파스칼, 『팡세』(이환 옮김), 민음사, 2003 참조.

[35] 자연학에서 출발한 아리스토텔레스 철학은 구체적인 현실 또는 실체를 강조한다. 현실의 행복과 관련해서는 이성에 따라 자신의 능력을 조화롭게 발휘하는 중용의 덕을 말했다. 한편 신플라톤주의의 창시자 플로티노스 (205~270)는 '일자一者' 철학을 제시해 감각과 이성 모두를 넘어서는 사고의

있는 목적지를 부여하는 것은 당연하다. 하지만 실증적인 정신까지 발휘하여 인간을 철저히 분석하면, 인간이란 "무한을 향하도록 만들어졌다"는 사실을 알 수 있다. 왜냐하면 그는 실패한 동물, 다시 말해 존재에 만족하지 않는 동물이기 때문이다. 따라서 그의 두 가지 목적지는 상충한다. 유한한 목적지인 첫 번째는 보다 확실하지만 무한한 목적지인 두 번째는 보다 유혹적이다.

『베네치아의 상인』에서 구혼자들은 내용물을 모르는 세 개의 상자 가운데 하나를 고르게 되어 있다. 첫 번째 구혼자는 황금상자를 선택하는데 거기에는 이렇게 씌어 있다. "나를 선택한 자는 많은 사람들이 욕망하는 것을 얻을 것이다." 두 번째 구혼자는 은상자를 고르는데 이렇게 적혀 있다. "나를 선택한 자는 자신이 받을 만한 자격이 있는 것을 얻을 것이다." 마지막으로 세 번째 구혼자인 바사니오는 보다 신중하게 납상자를 선택하는데 이렇게 씌어 있다. "나를 선택한 자는 자신이 소유한 모든 것을 내놓고 걸어야 할 것이다." 나는 파스칼과 마찬가지로 셰익스피어가 놀이나 내기, 그러니까 모든 것을 거는 맹목적인 위험을 찬양하려 했다고 생각지 않는다. 그런 찬양은 너무도 쉬운 것이다. 그들이 말하고자 했던 바는 인간이란 '특히'(오로지가 아니라) 자기

영역을 말했다. 그 '하나'는 모든 존재의 원인이며, 그 '하나'로부터 모든 이데아와 개별 사물이 창조된다는 것이다.

자신을 바쳐 헌신하도록 만들어져 있다는 것이다. 왜냐하면 모든 것을 고려할 때, 그는 잃을 게 '거의 아무것도'(아무것도가 아니라) 없기 때문이다.

제3부

도에 따른 무위

　　　　　　　　　　　도는 우리 서양인의 통상적인 가치 질서를 전복한다. 예컨대 텅 빔이 충만함을 이기고 약함이 강함을 이긴다. 접시나 수레바퀴에서 무엇이 쓸모 있는가? 우묵하게 비어 있는 곳, 다시 말해 결여된 부분이다. (…) 도의 경지에서 무엇이든 이길 수 있는 힘을 추구하는 하나의 이상을 내세워 세속적 가치들을 이처럼 철저하게 비판하는 태도는—반면에 니체는 동일한 이상을 내세워 가치들을 찬양한다—힘이 행동의 동의어가 아니라 그 반대어가 될 때에만 이해될 수 있다.

1
일러두기

인간을 구속하는 행동을 배격하고 모든 가치를 부정하는 사상적 모델이 역사상 존재하는가? 그렇다. 도^{道}는 이런 정신적 태도의 유일한 모델이 된다. 무위^{無爲}라는 표현 자체가 그러한 태도를 나타낸다. 따라서 이와 같은 태도와 표현에 대해 살펴보자. 우리는 역사적인 관점이 아니라(우리가 가지고 있는 것은 번역본들밖에 없기 때문에 이런 관점을 취할 수 없다), 가르침을 이끌어낸다는 관점을 취하기로 한다.

도가 흥미를 끄는 이유는 그것이 우리의 눈에 낯설고 거의 동화될 수 없는 무언가를 지니고 있어서가 아니라 인간 정신의 무한한 가능성에 빛을 던져주기 때문이다. 도를 추구한 사람들은 과감하게 밀고 나갔다…… 이런 대담한 인간들은 오랫동안 수많은 사람들에게 광인이 아니라 현자로 여겨져 왔다…… 그들의 사상은 우리 서양인들 가운데 몇몇을 동요시켜 깊이 생각하게 만들 수도 있다(하지만 대개는 관심이 없으리라).

먼저 무위를 이해하는 데 필요한 역사적인 자료, 예컨대 노자와 『도덕경』 그리고 도가의 학설 등을 짚어보자.

2
역사적 일별

노자와 후계자들

역사가들이 말하고 있듯이, 우리가 노자에 대해 알 수 있는 것은 별로 없다. 오로지 사마천의 『사기』(제63권)에 따른 것이다.[1]

노자는 오늘날 후난 성에 해당하는 지방에서 기원전 604년에 태어났나 한다. 그는 주나라의 고문서 관리인이었고, 공자는 그와 동시대의 사람이었다. 공자가 그에게 자문을 구하러 갔을 때 그는 이런 견해를 내놓았다.

"능란한 상인은 자신의 부를 조심스럽게 숨기고 아무 재산도 없는 것처럼 행동한다고 들었다. 마찬가지로 덕을 완성한 현자도 얼굴과 외모에 어리석은 듯한 모습을 즐겨 드러내는 법이

---

[1] 『사기』의 「노자·한비열전」을 말한다.

다……." 이런 말을 들은 후, 공자는 제자들 앞에서 노자를 붙잡을 수 없는 용에 비유했다 한다.[2]

아마 이것은 노자가 인도를 여행했다는 이야기처럼 전설에 불과하리라.

어쨌거나 노자는 자신을 잊을 수 없는 초상으로 만들어놓은 것 같다. 그의 다음 구절을 인용해보는 것도 도움이 되겠다.

"다른 사람들은 잔치에 있는 것처럼, 또는 봄날에 누대에 올라가 있는 것처럼 행복하구나. 나만이 홀로 고요하니 아무런 욕망도 일지 않는구나. 나는 아직 웃지 않은 어린아이와 같구나. 나는 마치 돌아갈 곳이 없는 사람처럼 슬프고 낙담해 있구나. 나만이 모든 것을 잃어버린 것 같고 내 정신은 어리석은 자와 같구나. 참으로 혼미하구나. 다른 사람들은 똑똑해 보이는데 나만이 미련한 바보 같구나. 다른 사람들은 분별력이 뛰어나 보이는데 나만이 어리둥절하구나. 마치 쉴 곳이 없는 것처럼, 나는 물결에 휩쓸리는 것 같구나. 다른 사람들은 모두 쓸모가 있어 직업이 있는데 나만이 미개인처럼 둔하구나. 나 홀로 다른 사람들과 달라서 모두를 길러주는 어머니인 자연을 존중하는구나"(『도덕경』 제20장, 마스페로[3] 번역).

---

[2] 「노자·한비열전」에 나오는 일화이다.
[3] 앙리 마스페로(1883~1945): 프랑스의 중국학자. 에두아르 샤반의 제자로 콜레주 드 프랑스의 중국학 교수를 지내고, 마르셀 그라네를 이어 소르본에서

노자의 제자들은 열자와 장자가 있는데 이들은 기원전 4세기와 3세기에 살았던 것 같다. (당연하지만, 우리의 능력을 벗어난 것이라 생각되는 역사적 논의는 하지 않겠다.[4*])

노자가 지은 것으로 알려진 『도덕경』이란 책은 공자의 사상에서 비롯된 철학적·정치적 운동과 오랫동안 대립한 운동을 일으킨 기원에 자리하고 있다. 일반적으로 유럽인에게는 공자의 학설이 노자의 학설보다 훨씬 더 잘 알려져 있다. 그것은 중국인이 형식주의자이고 실증주의자라는 관념을 대중화시켰다. 그리고 서양인이 말하는 형이상학과 종교에 속하는 것들에 대해서는 무심하다. 반면에 예법에 대해서는 관심을 기울인다. 중국인은 효자이고 훌륭한 상인이며 시험과 경쟁의 제도를 매우 중시했다. 중

중국 문명사를 가르쳤다. 중국 고대사와 불교사, 도가, 베트남사 연구에 큰 업적을 남겼다. 제2차 세계대전 중 나치 수용소에서 비극적 삶을 마감했다. 대표 저서로『고대 중국』『도교와 중국 종교』등이 있다.

[4*] 비거 Le P. Wieger가 전하는 바에 따르면, 노자에 관한 두 가지 설이 존재했다. 하나는 노자가 주나라 우왕 때(기원전 8세기) 고문서 관리인이었다는 설이고, 다른 하나는 주나라 경왕 때(기원전 5세기) 고문서 관리인이었다는 설이다(『호교사전』). 앙리 마스페로는 『도덕경』의 연대를 기원전 4세기로 추정하고 열자의 존재를 부정하며, 기원전 4세기 말에 살았다는 장자의 존재를 믿는다. 「노자와 장자의 신비주의적 삶」, 『프랑스 동양학회지』(1922. 6) 참고. 〔레옹 비거(1856~1933): 프랑스의 예수회 사제이자 의사·선교사. 1887년 선교를 위해 중국에 들어간 뒤 생애 대부분을 보내며, 중국의 문화·종교·언어에 대해 많은 연구를 했다. 탁월한 중국학자로서 업적을 인정받아 프랑스 '금석학·문학 아카데미'가 주는 스타니슬라스 쥘리앵 상을 세 차례나 받았다.〕

국에 기독교 복음을 전파했던 예수회 수도사들은 이 제도에 경탄한 나머지 그것을 프랑스에 도입했다. (예수회 수도사들의 제자였던 백과전서파와 이들의 영향을 받은 혁명가들이 이 제도에 얼마나 심취했는지 우리는 잘 알고 있다.[5])

도가사상은 순전히 중국의 학설로 남아 있었기에 유럽에서 별로 변질되지도 않았고 해석이 많이 이루어지지도 않았다. 이는 우리 서양인이 알고 있는 것과 아무 공통점이 없는 자유에 대한 학설을 담고 있다. 이 사상이 낯설기 때문에 우리는 그것의 민족적 기원을 살펴볼 필요가 있다. 그리고 생각보다 그리 낯설지 않다는 사실을 보여주기 위해 우리의 익숙한 사상들과 비교해볼 필요도 있다.

『도덕경』

노자의 책을 유럽어로 옮긴 번역본 수는 무척 많다. 앙리 마스페로는 프랑스어로 번역된 것만 해도 60종 이상이 된다고 했다.

---

[5] 근세 프랑스의 사상 및 정치혁명을 주도한 백과전서파들은 중국의 도덕정치를 찬양하면서 신권神權 통치하의 유럽 군주정치를 비판했다. 볼테르(1694~1778)는 중국 역사와 『도덕경』에 대하여 깊이 공부한 프랑스 선교사장 프랑수아 푸케(1665~1741)와 교분을 유지하고 중국문명에 관해 연구했다. 돌바크(1723~89)는 『덕치 혹은 도덕을 기초로 한 정부』에서 중국의 덕치주의를 찬양했다. 정수일, 『실크로드 사전』, 창비, 2013 참조.

이 번역서들은 문자적 의미에서뿐 아니라 번역자마다 거기에 부여하는 철학적 의미에서도 굉장한 차이를 보인다. 번역의 차이에서 비롯된 이런 애매성은 생각만큼 그리 중요하지는 않다.『도덕경』(또는『최고의 도리와 미덕에 관한 책』)은 동양의 많은 서적들과 마찬가지로 입문적인 성격의 책이다. 중요한 점은 그 책이 말하는 바가 아니라 수행하라고 넌지시 권하는 것이고, 수행하라고 넌지시 권하는 바가 아니라 실현하라고 권하는 것이다. 그 책의 목적은 독자를 어떤 상태에 놓아두는 것, 아니 그보다는 내려가기만 하면 되는 어떤 비탈에서 독자를 밀어 올리는 것이다.

이런 암시적인 논리 때문에 책은 그리 명료하지 않다. 우리 서양의 책들은 논리적 전개를 좋아하는 반면『도덕경』은 완곡하게 표현된 암시를 좋아한다. 그 책이 오로지 목표로 하는 것은 우리의 가장 심층적인 직감력을 가볍게 자극하는 일이다. 파스칼적인 의미에서 설득을 하지만 논리적 추론이나 비판도 마음에의 호소도 없다. 그것은 바위를 닳게 만드는 물방울과 같고 칼날을 무디게 하는 칼집과 같다. 그래서 서양인에게는 여전히 수수께끼로 남아 있다. 그토록 부드럽고, 그토록 미약하며, 그토록 별로 이해를 구하지도 않는 목소리에 그들은 감동조차 하지 않는다. 그리고 외면할 필요도 느끼지 않는다. 그들이 볼 때 기묘하고 야릇한 것투성이 같아서 아무것도 중요하지 않은 것이다. 아니면 책의 희한함 앞에서 단순한 속물근성에 불과한 경탄을 가장한다. 하지만 다행스럽게, 무관심하지도 조예가 깊지도 않지만 이들과는 다른 서양인이 점점 더 많아지고 있다.

따라서 노자라는 전설적인 현자의 학설은 명확히 표현하기 어려운 만큼이나 직관적으로 이해하기는 단순하다.

도道란 무엇인가? 글자를 파자해보면, '걸음, 앞으로 움직임'을 뜻하는 辶라는 어간과 '머리 또는 원리'를 의미하는 首라는 형용사로 되어 있다. 그것은 우선 '현명한 움직임'을, 이어서 '올바른 길'을, 그리고 마지막으로 '덕의 길'을 의미했다.

따라서 도는 현명하고 도덕적인 방법을 가리킨다고 말할 수 있다. 하지만 노자에게서 형이상학적인 의미가 되었다. 우선 절대적이고 불변하는 근원적인 원인이다. 그것은 두 가지 측면에서 고찰해볼 수 있다. 하나는 비존재로서, 하늘과 땅의 원리이자 무형의 원리이다. 다른 하나는 존재로서, 만물의 어머니인 유형의 원리이다. 따라서 도는 이제 더 이상 방법이 아니라 완전히 신비롭고 이해할 수 없는 원리이다. 이로부터 외관상 대립적이나 실제로는 상관적인 상태들이 생긴다. 예컨대 존재와 비존재, 삶과 죽음, 높은 것과 낮은 것, 긴 것과 짧은 것 따위를 들 수 있다. 현자는 이런 이중성의 선택을 강요하는 양자택일이 아니라, 이것이 있음으로써 저것이 있다는 식으로 번갈아 나타나는 이어짐으로 간주하며 이런 이중성을 받아들여야 한다고 말한다.

이와 같은 사유는 그 어떤 것에도 가치를 부여하지 않고 무엇에도 집착하지 않도록 이끌며, 그렇게 함으로써 백성과 현자는 완전한 평안을 얻을 수 있다. 최고의 원리는 언제나 똑같으며 무위라는 소극적인 덕을 통해 만물을 낳는다. 하늘과 땅은 인간들의 운명에 전적으로 무심한 채 있다. 하늘과 땅이 언제나 변함없이 지속되는 것은 하늘과 땅이 그 자체를 위해 살아 움직이는 것이 아니기 때문이다. 현자는 그런 자연을 닮아야 한다. 마찬가지로 물은 언제나 양보하기 때문에, 아무런 장애를 만나지 않으며 만물에 이로움을 준다. 범용凡庸은 운명이 가하는 불행을 초래하지 않기 때문에 위대함을 이긴다.

이상, 『도덕경』 상편을 간략히 요약해본 것이다. 그 다음은 '최고의 원리는 무심하다'는 명제를 반복하고 다음과 같은 파생 명제들을 전개할 뿐이다. 행동하지 않는 것은 최고 원리에 부합하기 때문에 행동하는 것보다 낫다. 〔수레〕바퀴, 접시〔그릇〕 그리고 집에 있어서 본질적인 것은 그 속에 실현된 텅 빔이며, 그 덕분에 바퀴는 돌고 접시에 음식을 담을 수 있으며 집을 드나들 수 있다. 그래서 배[腹]는 사람의 몸 가운데 주요한 기관이다. 현자는 아무것에도 신경 쓰지 않고 언제나 물러날 준비가 되어 있기에 쇠락을 피할 수 있다. 바로 이렇게 할 수 있을 때 그는 나라에 진정으로 봉사할 수 있게 된다. 다스리는 행위를 눈치챌 수 있게 해서는 안 되고 벌도 상도 없어야 한다. 현자는 모든 것을 높은 곳에서 지도한다. 이것이 우리가 그리스인들을 통해 잘 알고 있는 궁극

목적에 대한 견해이다. 하지만 여기서 궁극목적은 지성으로 포착이 안 되고 자연은 그 자체로 좋다. 자연으로 돌아가는 것만으로는 충분하지 않기 때문에 그 목적은 (공자의 주장과는 반대로) 인위적인 개입을 거부하는 방식으로 작용한다.

『도덕경』 제28장은 유난히 매력적이다. 왜냐하면 다음과 같은 사상을 표현하고 있기 때문이다. 현자는 자신의 실제 모습보다 더 열등하게 보이도록 해야 한다. 자신이 수탉이라 의식하지만 마치 암탉처럼 행동하고, 무식한 자처럼 처신하고, 모두의 디딤돌이 되고, 천하의 계곡이 되어야 한다. 다스릴 마음을 품지 않은 채 기품 있게 마지못해 다스려야 한다. 백성을 그 다양한 본성에 따르도록 방임할 때에만 잘 다스릴 수 있다. 현자에게 허용된 유일한 개입은 권력·부·야망, 특히 전쟁 같은 과도함을 없애는 일이다. 이는 모두 백성에게 해롭기 때문이다. 과도함은 숙명적으로 결핍을 초래하고 절정이 있는 다음에는 필연적으로 쇠퇴가 뒤따른다.

3
무위

도가 신봉자의 일반적 태도[6*]

도가사상의 첫 번째 특징은 하나의 유파라는 사실이다. 도가 신봉자는 세월을 초월해 산다. 그는 자신의 개성이 다른 사람들의 눈에 두드러지지 않기 때문에 오히려 그만큼 더 강하다고 판단하면서 이 개성을 가꾸어나간다. 정치에는 초탈함을 드러낸다. 오로지 군주가 요구할 때에만 자문하고 군주가 성공을 거두자마자 자문을 멈춘다. 그는 마치 사회에 자신이 존재하지 않는 것처럼 그 가운데 살아간다. 개인들에게 영향을 미치지만 그 이유는

[6*] 우리는 마르셀 그라네가 콜레주 드 프랑스에서 행한 강의 노트를 부분적으로 참고할 것이다. 이 노트는 그라네의 부인이 우리에게 친절하게 전해준 것이다. [마르셀 그라네(1884~1940): 프랑스 출신의 세계적인 중국학자. 에밀 뒤르켐에게서 사회학을, 에두아르 샤반에게서 중국학을 배웠다. 대표 저서로 『중국의 고대 축제와 가요』『중국 사유』 등이 있다.]

어떤 공식화된 사상 때문이 아니라 그의 개인적 힘 때문이다. 이 영향은 유가 사람들의 경우와 달리 점점 더 번성하는 집단을 대상으로 하지는 않았다. 나중에 불교의 영향을 받아 도가사상은 윤리와 종교를 만들었다. 종교를 만들기보다 창시자들을 신격화했다는 말이 더 정확하리라. 그것은 처음부터 그 안에 씨앗으로 잠재되어 있던 주술을 점점 더 발전시켰다. 하지만 공자나 붓다에서 나온 교리와 달리 국가 종교가 되지는 못했다.

도가의 가르침은 과격하다. 스승은 행동하지도 말하지도 않는다. 말을 한다 해도 돌려서 비유로 생각을 표현한다. 그래서 『도덕경』을 처음 읽는 독자가 먼저 놀라는 것은 그가 오로지 일화逸話만을 사용한다는 점이다. 자신의 본보기, 자신의 침묵, 자신의 무심, 자신의 미소를 통해 제자를 가르친다. (미소는 불교에서처럼 제자를 신뢰하고 인정하는 표시이다.) 그는 냉소적인 경우가 종종 있으며, 훗날 선불교의 승려들처럼 분노를 일으키는 충격을 주고자 한다. 선승들은 매정한 거절로 답하고, 매질을 하며, 일반적으로 상스럽거나 이해할 수 없는 행동을 하기도 한다.

이런 행실은 도가사상에 완벽히 부합한다. 그 무엇이 되었든 모든 것을 마음에서 비워내야 한다. 이 점에서 도가 신봉자는 우리의 회의주의자보다 더 급진적이다. 그는 반박하느라 꾸물거리지도 않고 진리를 지성을 통해 찾거나 발견할 수 있다고 생각하지도 않는다. 목표에 도달하기 위해 기나긴 길을 가야 한다고 보지도 않는다. 그는 세상의 삶과 의도적으로 거리를 두며 우주를 비누거품처럼 여긴다. 이 점에서 견유학파와 닮았다. 하지만 그 야심은 훨씬 더 크다. 왜냐하면 모든 견유학파와 달리, 행복만을 얻으려 하기보다는 '행복과 동시에 힘'을 얻고자 하기 때문이다. 그는 '작은 게임'이 아니라 '큰 게임'에서 승리하려 한다. 그렇기 때문에 삶을 심각하게 바라보지 않고 일상의 이익에 관심이 없다. 세세한 것은 집어치우고 전체를 보다 더 수월하게 포착한다. 이와 같은 귀족적이고 유희적인 견해에 따르면 우주는 감각을 통해 이해되든, 이성을 통해 파악되든, 사회에 의해 체계화되든, 인간의 능력을 경험케 해준다는 의미에서만 가치가 있다. 하지만 이 능력에 사회적인 측면은 전혀 없다.

오로지 중요한 것은 최고의 제1원리에 도구적인 역할(소산적所産的 자연)을 하지 않고 참여하여 적극적인 역할(능산적能産的 자연)을 하는 일이다.[7] 이 원리는 세계를 절대적으로 통제하는 숙명적인 힘이다. 어떤 신과 같은 게 전혀 아니다. 이는 공자가 만물에 매우 관대한 우주의 이법을 어떤 조물주와 연관시켜 생각한 것과도 딴판이다. 최고 원리는 말로 표현할 수 없으며 무정無情하다. 그 어떠한 명칭도 그것을 개체화시키는 표시가 되고 만

---

[7] 스피노자에 따르면, 능산적 자연은 만물 생성의 근원력으로서의 자연이고, 소산적 자연은 이 근원력을 통해 생성된 자연을 말한다.

다. 그것은 기도祈禱의 대상이 될 수 없으므로 기도를 한다면 그 것을 이해하지 못했다는 증좌이다. 따라서 각각의 존재는 사전에 완전히 결정되어 있다. 하지만 "각자의 운명이 미리 결정되어 있다 하더라도, 이 운명적 능력을 무한히 증대시키는 것은 각자에게 달려 있다. 최고 원리의 절대적이고 근원적인 실현력에 각자의 참여를 더해가기만 하면 된다."[8*]

이러한 참여는 어떻게 이루어질 수 있는가? 우선 근원적인 제1원리가 어떤 것인지 알아볼 필요가 있다. 이는 본질적으로 음양이라는 대립적인 것들의 조화 속에 있다. 여기서 음은 '특수화된 효과'인 덕德에 부합하고, 양은 '집중화된 효과'인 도道에 부합한다. 세계는 바람으로 가득 찼다가 비워지는 풀무에 비교된다.

따라서 최고 원리를 모방하도록, 아니 보다 더 정확히 말하면 그것과 하나가 되도록 해야 한다. 방법은 인도에서 행하는 것과 비슷한 호흡운동을 통해 자신의 영혼을 집중시키는 것이다. (영혼에는 그것을 구성하는 실체들만이 있다. 영혼은 정신적이면서도 동시에 물질적이다. 이처럼 두 상태로 머물면서 끊임없이 진보한다. 평범한 사람은 목으로만 숨을 쉬지만, 현자는 발로도 숨을 쉰다.) 이렇게 하여 인간은 소우주가 된다. 이와 같은 운동으로 얻은 효과는 지극히 다양한 자극제들을 통해 증진시킬 수 있다. 예컨대

[8*] 그라네, 『중국인의 종교』, 고티에 빌라르, 1932, p. 149.

불·황금·태양·달을 마법적으로 이용한다거나 알코올 음료나 마사지를 이용하는 것이다. 도교는 특히 5세기부터 기氣의 유파가 된다.

무위의 이점

하지만 문제의 기는 우리가 서양에서 찬미하는 에너지와 아무 상관이 없다. 그것은 발산하여 보여주는 것이 아니라 축적해야 한다. 기는 잠재적이고, 에너지는 실제적이다. 따라서 도가에서 볼 때 산 사람의 기는 우리 서양 사람의 에너지와 다르다. 유년기와 노년기는 기를 집중하여 모으는 때이고 청년기는 기를 소모하는 때이다. 따라서 청년기보다 유년기나 노년기를 더 평가한다. 죽음은 영혼이 근원적 힘의 원리 —작용이 멈추는 원리— 로 돌아간다는 신호이다. (게다가 죽음은 아무것도 변화시키지 않는다. 장자는 꿈을 통해 자신이 나비였다는 것을 알고 나비의 상태와 사람의 상태 사이에 차이가 없음을 깨닫는다. 현자는 자신이 쌓은 미덕을 간직하는 한 죽어도 죽지 않는다. 심지어 죽지 않는 자살을 할 수 있다. 도가의 이상은 의지에 의한 죽음이 가능한 지점에 자리한다.)

따라서 자유는 무엇보다도 힘의 획득을 말한다. 좀더 구체적으로 말하면 그것은 행사되지 않는 힘을 얻는 데 있다.

도가 사상의 글들에는 물이라는 은유가 자주 등장한다. 물은 바람이 아무리 파문을 일으켜도 다시 잠잠해지고 거울처럼 투명해진다. 아무것도 하지 않고 오로지 쉬고 있다는 사실만으로도 세상 전체를 소유한다. 반대로 불은 유럽인의 마음에 든다고 할 은유이다. 불은 끊임없이 노력하고, 보존하는 대신에 파괴하며, 결국은 자기 자신을 소진시킨다. 하지만 언제나 그것은 탐욕스럽고 우둔한 행동을 상징한다. 물이 불을 찬양하는 자에게는 어리석은 무기력으로 비치듯이 말이다.

도는 우리 서양인의 통상적인 가치 질서를 전복한다. 예컨대 텅 빔이 충만함을 이기고 약함이 강함을 이긴다. 접시나 수레바퀴에서 무엇이 쓸모 있는가? 우묵하게 비어 있는 곳, 다시 말해 결여된 부분이다. 무엇이 사람을 오래 살게 하는가? 약하고 쓸모가 없는 그의 모습이다. 허약함과 쓸모없음은 그를 달갑지 않은 존재로 만듦으로써 탐욕에서 벗어나게 한다. 뿐만 아니라 탐낼 만한 것들은 불화의 원인이다. 훌륭한 국가 지도자는 명예와 훈장, 금과 은을 없애 선망을 자극하지 않는다.

도의 경지에서 무엇이든 이길 수 있는 힘을 추구하는 하나의 이상을 내세워 세속적 가치들을 이처럼 철저하게 비판하는 태도는—반면에 니체는 동일한 이상을 내세워 가치들을 찬양한다—힘이 행동의 동의어가 아니라 그 반대어가 될 때에만 이해될 수 있다.

자신의 힘을 온전히 보존하기 위해서 현자는 외부 현실과의 접촉을 전적으로 피함으로써 힘을 사용하는 모든 기회에서 벗어난다. 그는 힘을 보존하기 위해 때로는 산책함으로써 정신을 분산시키기도 하고, 때로는 그 반대로 촛불의 모습에 자신을 집중하거나, 깨어 있는 상태와 황홀경을 매개하는 꿈 같은 이미지에 집중하기도 한다. 전쟁에서 가장 오래 버티는 자가 승리하듯이, 힘을 지속하기 위해서는 몸을 아껴야 한다. 현자는 세상 사람들이 늙어 갈 때 다시 젊어진다. 그는 가능한 한 사회생활에 끼어들지 않는다. 끼어들지 않을 수 없을 때도 인위적인 법보다는 관습에 따른다.(게다가 중국은 다분히 민법보다는 자연법에 따라 심판했다.) 그리고 선택할 수 있는 여러 규범들 가운데 그는 가장 오래된 것들을 택한다. 왜냐하면 자신을 가장 적게 구속하기 때문이다.

  인위적인 행동을 적게 하면 할수록 더욱 더 잘 지배할 수 있다. 바로 이 섬이 간과해서는 안 될 원칙이나. 우리 서양의 근내적 사고로는 이상하게 보이지만, 이 원칙은 오랫동안 도가 신봉자들뿐 아니라 다른 사람들에게도 영향을 미쳤다.

  보로부두르 대사원[9] 같은 고대의 불교 사원들에 가면 벽화 한가운데 비어 있는 옥좌를 흔히 볼 수 있다. 그것은 있음에 대한 없음의 우위, 가시적인 것에 대한 비가시적인 것의 우위를 나타

---

[9] 인도네시아 자바 섬 중부에 위치한 고도古都 족자카르타에 있는 불교 유적.

낸다. 또 통치란 지배하기 위해 인위적으로 행동할 필요가 없다는 점을 나타낸다.[10*]

따라서 인위적인 행동을 하지 않는 무위의 현상, 더 정확히 말해 인위적인 행동을 하지 않으려고 전념하는 무위의 현상은 우선 안전을 확보해주고 이어서 지배케 해준다. 안전을 확보해주는 이유는 자신을 자연에 맡기면 해로운 일을 전혀 당하지 않지만 자연을 거스르면 최악의 실망에 직면하기 때문이다. 그런데 가장 좋다고 선택된 것이 행복의 적일 뿐 아니라 순수하고 단순한 삶의 적이 된다. (노자는 공자나 맹자가 믿는 사회질서와 미덕과는 거리가 멀다.) 인위적으로 개선하려는 것은 그 무엇이 되었든 타락을 재촉할 뿐이다. 유일하게 가치 있는 도덕은 인위적인 개입을 거부하는 태도이다.

무위는 우리 유럽인에게 기이하게 보이는 방식으로 지배를 하게 해준다. 왜냐하면 우리는 의지적인 행동을 효율의 모델이라고 여기는 데 익숙하기 때문이다. 정확히 말해, 피스톤에 작용하는 증기의 작용이나 기계에 작용하는 피스톤의 작용과 유사한 즉각적이고 기계적인 행동 말이다. 이러한 입장은 우주의 여러 부분

[10*] 그리스인들은 궁극목적 — 예컨대 아리스토텔레스의 신 — 에 대단한 중요성을 부여했다. 하지만 비교는 적절하지 않다고 본다. 왜냐하면 신은 인간들을 죽게 만들면서 자신에 대한 사랑을 불러일으키는데, 이것은 동양철학에서는 볼 수 없는 현상이기 때문이다.

들 사이에 인접관계가 존재함을 전제로 한다. 그러니까 A가 C에 작용할 수 있기 위해서는 우선 B를 거쳐야 한다는 사실을 전제한다. 그런데 도가 신봉자는 우주가 단절이 없는 연속된 공간이고, 이 공간을 통해 원격적인 조정 작용들이 이루어질 수 있다고 믿는다. 이런 입장 때문에 주술적인 행위가 나오고 이 행위만이 유일하게 효율적이 된다. 어쨌든 주술이라는 것이 있다. 주술이. 도는 지극히 순화된, 그리고 서양인에게 전달 가능한 무언가가 있는데, 최소한 그 속에 주술이 있다. 이 주술은 통속적인 요술이 아니다. 자연의 필연성에 대해, 특히 우리 자신의 내적 필연성에 대해 명상하는 것이고, 온 힘을 기울여 우리를 이 필연성에 일치시키는 것이다. 새가 자기 몸을 바람에 싣기 위해 온 노력을 기울이듯이 말이다.

요컨대 도는 개인적 운명과 우주적 운명의 융합을 위해 인간이 구상한 가장 철저한 방법이다.

가치로부터 해방

도는 무심의 자유를 최대로 고양하고 있다. 현자는 자신이 원하는 바를 원하는 대로, 원할 때 한다. 뿐만 아니라 그 어떤 것이 되었든 도덕·논리·미의식 그리고 학문·예술·종교가 세워놓은 장벽을 인정하지 않는다. 스콜라 철학자들처럼 말하면, 그는

'결정'하는 자유가 있을 뿐 아니라 '명시'하는 자유도 있다. 왜냐하면 그는 행위뿐 아니라 법칙, 이런저런 행동뿐 아니라 선과 악까지도 자유로이 결정할 수 있기 때문이다.

현자는 죄를 짓지 않는다. 그렇다고 정의로운 자도 아니다. 왜냐하면 그는 사물과 인간을 차별하지 않기 때문이다. 서양인인 우리는 확립된 법을 위반하는 순수한 혁명가에 대해 스캔들에 가까운 찬사를 보낸다. 하지만 혁명가가 그렇게 한 것은 보편적인 선이나 최상을 위한 것이다. 아니면 자기가 속한 계급이나 정당 또는 조국이나 인류의 이름으로 그렇게 한 것이다. 그는 무언가의 이름을 내세워 행동한다. 하지만 도가의 현자는 이런 범주들에 극도의 멸시를 내보인다. 그는 진정 선악을 넘어서 있다. 니체보다 더 선악을 넘어서 있다. 왜냐하면 니체는 힘에의 의지를 찬양하고 따라서 가치의 계층체계를 확립하고 좋은 것과 나쁜 것의 개념을 재설정하기 때문이다. 그는 이 개념들을 신체적인 힘, 살아가는 즐거움, 정신의 변덕, 마음의 관용 같은 다른 것에 적용할 뿐이다. 이것이 해방이라 할 수 있을까? 그렇다. 하지만 우리가 지금 고찰하고 있는 해방에 비하면 얼마나 부분적인가! 유럽인에게 (스캔들을 일으키고자 하고, 따라서 정신적으로 보면 자신이 타파하고자 하는 관례에 예속된 사드 백작에게도) 자유는 언제나 구속이 없는 상태로 규정되었다. 그것은 목적의 필요성을 받아들인다. 왜냐하면 어떤 목적을 다른 목적으로 대체시킬 뿐이기 때문이다. 우리가 자유롭다고 생각할 때 이 자유는 어떤 것을 반대하고 다른 어떤 것을 위함이다. 그런데 도가의 현자는 모든 것으로부터 해방될 때에만, 다시 말해 무심이나 담담함의 자유에 이를 때에만 완전한 자유에 이를 수 있다.

좀더 자세히 살펴보자. 도가의 자유는 오로지 무심을 나타내는가? 그렇다. 하지만 또한 초월적인 운명에의 순종을 나타낸다. 우리가 볼 때, 심지어 그것은 언제나 이 두 번째 모습으로 나타나는 듯하다. 그렇기 때문에 우리가 자유라 부르는 것의 반대처럼 보인다. 현자는 단 하나의 야심밖에 없는 것으로 보일 수 있다. 즉 인간의 상태에서 짐승의 상태로, 유기체의 상태에서 자연의 원소 상태로 이동하는 것이다. 따라서 외관상으로 보면 그는 자신을 포기하고 단념하려 애쓴다. 하지만 이는 전혀 확실한 게 아니다. 과연 자유란 무엇인가? 어떤 종교적·도덕적 이상에 따라 행동하는 것이라면, 이는 도가의 자유가 선혀 아니다. 그것은 스토아학파 철학자들과 스피노자 그리고 다른 많은 모럴리스트들이 사용하는 의미에서의 합리적인 자유이다. 하나의 규범에 따라 조절된 자유와 무심의 자유를 갈라놓는 그 간극에는 성 토마스 아퀴나스와 베르그송만큼이나 다양한 철학자들이 들어갈 수 있다. 이런 모든 등급들을 무시하고, 방금 우리가 도의 자유로 규정한 순수한 무심의 자유에 이르러보자. 그러면 이 또한 하나의 자유임을 알 수 있으리라.

자유란 일차적 측면에서 보면 부정적인 개념이다. 그 어떤 인간도 자유롭지 못하다. 그 어떤 인간도 자유로운 상태로 태어나지 못한다. 그는 다른 사람들에게 지극히 엄중하게 의존되어 있다. 자유롭다는 것은 우선 자신을 해방시키는 일이다. 물론 자연적인 힘의 영향에서 해방되는 것이며, 또 다른 사람들의 지배에서 해방되는 것이다. 그러나 이러한 해방은 어떤 이상이라는 속박을 받아들이기 위함이다. 스토아학파 철학자들은 로고스[11]에의 무조건적인 순종인 '현자의 자유'를 받아들였다. 스피노자 역시 하나의 해방에서 다른 순종으로 옮겨갔다. 선善은 라이프니츠, 플라톤 그리고 보통 모든 합리주의자들에게 필시 매력적으로 보였기 때문에 자유를 그 선과 밀착된 것으로 보았다. 보다 절제를 드러냈던 아리스토텔레스학파와 성 토마스학파는 억제할 수 없는 매력을 지닌 목적인 선에 이르는 수단을 자유롭게 선택할 수 있다고 했다. 도덕적 관념과 초자연적인 존재가 행사하는 보다 신비한 힘으로부터 해방되기 위해서는 사드와 니체를 기다려야 한다. 그런 해방은 외관상 급진적이지만 또한 반대급부와 대체물을 제시한다. 그들이 구현하는 반항의 철학들은 매력적이지만 동시에 깊이는 부족하다.

---

[11] 스토아학파 철학자들에게 로고스는 이성이자 동시에, 이성이 우주에 부여한 질서로서의 운명을 의미하기도 한다.

우리는 기댈 수 있는 어떤 근거점이 있어야만 반항할 수 있고, 무언가를 반대하는 '부정'은 다른 것을 찬성하는 '긍정'에 의해 뒷받침될 때에만 중요성이 있다. 그렇다면 왜 부정의 길을 선택하는가? 그런 선택에는 어떤 내적 필연성이 있는가? 하나의 계급의 이름으로 조국을 부정할 수 있고, 인간의 이름으로 신을 부정할 수 있다. 하지만 이 계급과 인간이 어떤 면에서 보다 더 신성한 성격을 띤단 말인가? 우리는 어떤 계급에, 어떤 종류의 인간에 그와 같은 특권을 부여하거나 그 반대의 태도를 취하는가? 결정해야 할 필요가 있지만 결정해야 할 이유는 없다. 자체적으로 완벽하게 논리적인 지성의 눈으로 볼 때 완벽하게 설득력 있는 이유가 없다는 말이다.

도는 인도의 위대한 철학들과 마찬가지로 결정적인 단계를 넘어선다. 모든 것으로부터, 우선 우리 자신으로부터 해방시킨다. 왜냐하면 도가의 입장에서 선택을 하는 것은 다른 사람을 배려하기 위해서라기보다 우리 자신을 위해서이기 때문이다. 도는 피론[12]과 특히 그의 제자들이 행동에 과감하게 결코 적용하지 못하게 된 결과를 회의주의에서 구출해낸다. 그들이 그렇게 적용하지 못했던 이유는 그들 스스로가 변화시킬 만한 가치가 없다고 본

---

[12] 피론(기원전 365~275): 헬레니즘 시대의 그리스 철학자. 회의주의 학파의 시조. 알렉산드로스 대왕의 동방 원정에 참가해 인도에 갔다. 어떠한 주장도 동일하게 반대설이 대치할 수 있으므로 판단중지(에포케)를 강조했다.

사회적인 상황에 만족하고, 자신들이 이론적으로 내세운 주장을 실천에 옮기길 단념했기 때문이다. 그런데 반대로 도가의 신봉자는 인간이 인정한 모든 가치들을 공개적으로 경멸하고 법을 어기기를 두려워하지 않았다. 이러한 관점에서 그는 자유롭다. 또한 자기 자신에 대해서도 자유롭다. 자신의 모든 욕망과 견해에서 해방되었기 때문이다.

  서양인은 진정으로 결코 자유롭지 못하다. 왜냐하면 그는 가치들을 서로 대체시킬 뿐이고, 특히 자신의 욕망 실현의 장애물이 순전히 외부에 있다고 생각해 무슨 수를 써서라도 욕망을 만족시키려 하기 때문이다. 이런 길을 갈 때 인간은 운명적으로 늘 실패할 수밖에 없다는 사실을 깨닫는 데 인생의 오랜 경험이 필요치 않고, 대부분의 우리 욕망은 충족되지 않은 상태로 있으며, 충족된 욕망도 예기치 않은 실망을 가져다주기 때문에 인간은 심층적으로 불행하다. 나아가 잘 생각해보면 절망적이기까지 하다. 물론 니체처럼, 그런 가운데서도 행복하다고 주장할 수 있다. 왜냐하면 언제나 환상을 품을 수는 있기 때문이다. 이러한 태도는 유치함으로 해석될 수도 있고 영웅적 표지라고 해석될 수도 있다. 그러나 두 해석은 서로 배타적이지 않다. 도가의 현자는 두 눈을 크게 뜨고 자신을 속이려 하지 않는다.

무위의 효용

자유가 무심을 통해 정복되었을 때 그 자유를 어떻게 사용할 것인가? 도가 신봉자는 이 자유를 전혀 사용하지 않는다. 그럼으로써 그는 더욱 힘 있게 되고 더욱 행복해질 뿐이다. 권력을 얻으려는 마음에서 벗어날 때에만 사람은 힘이 있다. 마찬가지로 욕망을 멈출 때에만 자유롭다. 동일한 길, 곧 도이다. 원리는 같다. 즉 스스로 그러하듯 되는대로 자신을 맡겨야만 한다. 내가 원하지만 못할 수도 있고, 내가 원하지 않지만 할 수도 있으며, 내가 원하지 않는 한 이럴 수도 저럴 수도 있다. 이런 식의 태도는 "원하는 자는 할 수 있다"라거나 "정신은 모든 것을 정복한다", 또는 "용감한 자에게 불가능은 없다" 따위의 태도와 전혀 반대된다. 그것은 유럽인의 정신과 전적으로 상반되는가? 도가 사상가늘은 온갖 방면에서 다양한 사례를 글어내 제시하는데, 이는 라 퐁텐이 우화를 통해 드러내는 교훈을 상기시킨다. 몇몇 예들을 보자. 물방울이 바위를 패게 하고, 보잘것없는 나무는 나무꾼에게 화를 면하고, 가장 훌륭한 궁수와 수영선수는 자신이 활을 쏘거나 헤엄친다는 사실을 잊은 채 활을 쏘고 헤엄을 치며, 동료들에게 가장 크게 영향을 미치는 자는 그들과 가장 멀리 떨어져 사는 사람이다…… 동일한 이치로 갈대는 참나무보다 오래 살며, 늙은이가 젊은이보다 오래 산다.

또한 우리는 여기서 로빈슨 크루소의 다음과 같은 낙천주의를 생각할 수 있다. "…… 인생의 온갖 위험이 닥칠 때마다 신은 우리가 그 목적을 알 수 없는 조치들을 취해 당신의 선의를 보여준다. 실제로 우리는 초자연적인 길들을 통해 지극히 커다란 위기에서 벗어나는 경우가 자주 있다. 매우 불확실한 순간에 은밀한 충동으로 갑자기 이 길보다 저 길을 택하는 결정을 내리는 경우도 자주 있다. 과거 다른 때 같으면 그 길이 우리를 파멸로 이끌었을지도 모르는데 말이다. 따라서 나는 우리로 하여금 어떤 방침을 정하게 하고, 어떤 일을 하거나 하지 않게 이끄는 신비한 목소리에 결코 반항하지 않으리라는 원칙을 정했다. 비록 이런 은밀한 충동에 아무런 타당한 이유가 없지만 말이다. 이 불행한 섬에서 이와 같은 신비한 예고에 대한 공손한 태도가 전적인 성공을 거둔 사례를 많이 들 수 있다. 생각이 나지 않는 다른 많은 상황들은 차치하고서라도 말이다. 나의 눈이 이런 점에 열려 있었더라면 나는 이 상황들에 주의를 기울였으리라. 현명해지기에는 너무 늦었다는 말은 결코 통하지 않는다. 삶에서 나처럼 엄청난 사고를 당할 수 있거나 보다 평범한 불행을 당할 수 있을지도 모를 사려 깊은 모든 사람들에게 권고하건대, 신이 베푸는 이 은밀한 조언을 결코 소홀히 해서는 안 된다. 이 조언을 우리에게 전달하는 보이지 않는 영적 존재가 그 무엇이 되더라도."

　루이 14세도 『회상록』에서 같은 의견을 제시하고 있다. "지혜가 가르치는 바에 따르면, 어떤 경우는 우연에 많은 것을 맡겨야 한다. 그럴 때에는 이성 자체도, 뭔지 알 수는 없지만 하늘의 뜻인 것 같은 맹목적 움직임이나 본능을 따르라고 충고한다. 언제 상황을 경계해야 하는지 또는 언제 상황에 자신을 맡겨야 하는지 아무도 말할 수 없다. 책도, 규범도, 경험도 그것을 가르쳐주지 않는다. 상황에 알맞은 마음이나 담대한 정신만이 해결해 줄 수 있다."

이와 같은 역설이 보여주듯이, 의도적인 열성은 자연의 질서를 거스르기 때문에 오히려 목표의 반대 방향으로 이끌 수 있다. 세상사는 저절로 해결된다. 우리가 의도적으로 개입하지만 않으면 된다. 따라서 행동의 원칙은 무심이라는 사유의 원칙과 마찬가지로 개입을 삼가는 일이다. 그렇게 될 때 큰 나라를 다스리는 것은 프라이팬에 생선을 튀기는 일처럼 어렵지 않다고 노자는 말한다.[13] 이것이 스스로 그러한 들판의 백합이 주는 교훈이다.[14]

---

[13] 『도덕경』 제60장 참조. "큰 나라를 다스릴 때는 작은 생선을 굽는 것과 같다治大國, 若烹小鮮." 작은 생선을 자주 뒤집다보면 부서지듯이 나라를 다스리는 일도 조심스러워야 한다. 지나친 간섭과 통제보다는 관용의 통치가 중요함을 뜻한다.

[14] 「마태복음」 6장 28~30절 참조. "또 너희가 어찌 의복을 위하여 염려하느냐 들의 백합화가 어떻게 자라는가 생각하여 보라. 수고도 아니하고 길쌈도 아니하느니라. 그러나 내가 너희에게 말하노니 솔로몬의 모든 영광으로도 입은 것이 이 꽃 하나만 같지 못하였느니라. 오늘 있다가 내일 아궁이에 던져지는 들풀도 하나님이 이렇게 입히시거든 하물며 너희일까보냐 믿음이 작은

이러한 교훈은 효율적인가? 그것을 통해 세상사를 통제할 수 있는가? 겉으로 보기에는 아니다. 왜냐하면 우리는 아무도 문제 삼지 않는 다음과 같은 원칙에 사로잡혀 있기 때문이다. 즉 노력 없이 이루어지는 일은 아무것도 없으며, 노력을 많이 기울인 만큼 더 많은 것을 얻는다. 하지만 우리는 우선 이러한 노력이 어떤 특정한 방향으로 이루어져서는 안 된다는 점에 대해선 의문을 제기하지 않는다. 자연이 어떤 방향이 있다면 그 방향이 무엇인가에 대해서도 마찬가지이다. (우리 서양인은 인간이 없는 자연은 아무것도 할 수 없다는 과도한 생각을 하고 있다.) 인간의 노동으로 얻은 결과물에 도취되어 있다. 그런데 이것은 자연이 이룩한 결과물에 비하면 하찮은 것이다. (누가 자신의 키 한 자를 마음대로 자라게 할 수 있겠는가, 라고 복음서는 묻고 있다.[15]) 그래서 결국 노력은 비효율적인 것이다.

인간의 개입은 해롭다. 왜냐하면 사물들의 존재를 이루는 관계를 그 존재 자체와 아무 상관없는 새로운 관계로 대체하기 때문이다. 이 새로운 관계는 철저하게 고안된 것으로 환경에 적응할 시간마저 없다. 요컨대 인간의 개입은 '시간'이란 요소를 무시한다. 자연이 인간에게 강제하는 질서는 완만한 배열이다. 그런데

자들아."
[15] 「마태복음」 6장 27절에 나오는 예수의 말씀으로 원래는 "너희 가운데 누가 염려한다고 키를 한 자나 더할 수 있느냐?"로 되어 있다.

인간은 이 질서를 자신의 정신이 만든 질서로, 신속하고 돌이킬 수 없는 배열로 대체하려 한다. 이러한 배열은 자연의 질서를 파괴하지만 그렇다고 제2의 질서를 창조할 수 있는 게 아니다. 노자가 볼 때 그 결과는 윤리와 정치에서 중요하다. 근대적으로 말하면, 노자는 무기력한 정부와 자유주의적 경제를 신봉하는 것처럼 비칠 수도 있다. 조제프 드 메스트르[16]와 같이 그는 '제도'가 '풍습'을 몰아냈다고 탄식하는 것처럼 보일 수도 있다. 이것이 이른바 반동적 정치이다.

"도의 큰 모습을 잡으면 천하를 두루 왕래할 수 있고 천하를 돌아다녀도 위험이 없으며 행복이 천하에 골고루 퍼지고 커진다……."[17]

조제프 드 메스트르라면 왕조의 창건자·성자·지도자·영웅 따위가 모두 전혀 중요하지 않다는 주장까지 받아들이지는 않을 것이다. 하지만 그는 노자라는 현자의 견해를 보다 더 잘 받아들이고 공자를 견제했을 것이다. 노자는 극한까지 밀고 간 입장을 취하고 있다. 그 누구도 노자를 능가할 수 없다.

---

[16] 조제프 드 메스트르(1753~1821): 프랑스의 소설가이자 철학자·정치가. 프랑스 전통주의를 대표하는 사상가로 프랑스 혁명에 반대하여 절대왕정과 교황의 지상권을 주장했다. 저서에 『교황론』 『상트페테르부르크 야화』 등이 있다.

[17] 『도덕경』 제35장에 나오는 내용임. 김형효는 이렇게 번역하고 있다. "대도를 잡아서 천하에 가면 해를 입지 않고 편안하고 태평해진다." 『사유하는 도덕경』, 소나무, 2004, 282쪽.

"가장 완벽할 때는 금이 간 항아리에서 물이 새어나가는 듯한 느낌을 주지 않을 수 없다."[18]

"우리의 힘이 가장 충만해 보일 때는, 비어 있는데도 무언가 만들어지고 있다는 느낌이 들게 되어 있다."[19]

무위의 어려움

이렇게 볼 때 사람들은 무위가 수월함을 강조하는 사상이라 말할 것이다. 하지만 무위는 문자 그대로 인위적으로는 아무것도 하지 않음을 뜻하기 때문에 수월함이란 말로는 제대로 표현해낼 수 없다. 여기서 우리는 정적주의[20]에 끊임없이 제기되었던 반박에 부딪친다. 주목해야 할 테지만, 서양은 무사안일을 항상 경멸해왔을 뿐 아니라 온갖 형태의 행동을 예찬했다. 성 아우구스티누스가 관찰한 바를 빌리면, 로마인들은 아제노리아·스티물라

---

18 같은 책, 45장을 의역한 것임. 김형효의 번역은 이렇다. "큰 성취는 결핍과 같고, 그 쓰임은 낡지 않다." 같은 책, 354쪽.
19 같은 책, 45장을 의역한 것임. 김형효의 번역은 이렇다. "크게 충만한 것은 비어 있는 것 같고, 그 쓰임은 다함이 없다." 같은 책, 354쪽.
20 정적주의靜寂主義: 인간의 능동적·자발적인 의지를 최대한 억제하고 초인적인 신의 힘에 전적으로 의지하려는 수동적 사상. 내면 신앙을 강조하는 신비주의 종교에서 흔히 볼 수 있다. 스페인의 몰리노스, 프랑스의 귀용과 페늘롱이 그 대표자들이다.

· 스트레누아 · 마르시아 같은 활동의 여신들을 판테온에 무수히 모셔놓았다. "활동이 많은 만큼 우상도 많다. 하지만 로마인들은 정적의 신의 경우, 포르타 콜리나[21] 바깥에 있는 작은 예배소로 내쫓았다. 그렇게 함으로써 그들은 이 신에게 많은 신도들이 생기는 것을 원치 않았음을 보여준다."(『신국』, IV)

그리스도는 그 반대로 이렇게 말한다. "나는 마음이 온유하고 겸손하니 너희는 내게서 평안을 얻으리라." 그런데 악마는 끊임없이 동요를 일으키며 활동한다. 따라서 기독교는 어느 정도 평안을 재확립하지만 심히 조심하지 않으면 안 된다. 정적은 단순한 신도는 알지 못하는 신비주의적인 상태이다. 그것은 해야 할 의무를 면제해주지 않는다. 나아가 신비주의적 상태이기에 명상의 단계(이 단계에서는 생각이 활동한다)를 넘어선 다음에야 비로소 도달할 권리가 있는 궁극적인 단계이다. 명상은 영혼을 단련시킨 나음에 결국 부숴버리게 된다. 영혼이 성석의 기노 속으로 빠져나가 마침내 그 '정지 상태', 다시 말하면 '지적인 힘을 동여맨 상태'에 이르는 것은 당연하고 유익하다. 이 상태를 기독교 신비주의자들은 '무지의 구름', '정신의 어둠', '조예가 깊은 무지'라 불렀다. 그렇다. 그런 상태에 도달하는 것이 당연하고 나아가 필수적이기도 하다. 하지만 이는 일정한 수준에 이른 영혼에게만

---

[21] 로마의 세르비아누스 성벽의 문들 가운데 하나이다.

해당된다.²²* 따라서 기독교의 정적이 도가의 정적과 유사한 점이 있다 해도 동일한 것은 전혀 아니다. 유사한 점은 그런 상태의 본질이 (그리고 자유의 가장 순수한 상태의 본질이) '방임 상태로 내버려두는 것'이라는 사실이다. 하지만 여기서도 구분해야 할 게 있다.

우선 기독교의 신비주의자를 보자. 그가 그와 같은 상태에서 얻는 것은 엄밀하게 말해 무기력한 은총이 아니라, 하나의 행동 방식에서 다른 행동 방식으로 옮겨가게 해주는 은총이다. 비록 수동적인 태도는 그 자신이 원한 게 아니라 그보다 강력한 다른 존재에 의해 강제된 것이지만 말이다. 브레몽은 이렇게 쓰고 있다. "방임 상태로 내버려두는 것은 「욥기」로 설명하면, 따지기를 포기하는 체념이 아니라 절대적 믿음에 따라 신의 섭리에 모든 것을 맡기는 통일된 완성을 의미한다. 따라서 '우리는 수동적으로 행동을 당하지, 우리가 행동을 하는 게 아니다'라고 말해서는 안 된다. 그보다 '우리는 수동적으로 행동을 당하고 그래서 행동을 하는 것이며, 우리가 행동하는 한 행동을 하기 위해서 행동하는 것이다'라고 말해야 한다. 방임 상태로 내버려두는 것은 활동적인 무위의 역설을 실현하고 있다."²³* 우리가 결코 잊지 말아

22* 기독교의 정적에 대해서는 부록1 참고.
23* 브레몽이 인용한 귀에 드 발자크의 세속적 정적에 대한 글을 보면 이런 말이 나온다. "나태의 만족감은 무위의 감미로움과 아무런 공통점이 없

야 되는 것은 기독교의 신이 인격신이고, 인간으로 강생했으며, 인간은 하나의 가상이 아니라 현실이라는 점이다. 따라서 방임 상태로 내버려두는 것은 그 상태가 최대한에 이를 때조차도 필연적으로 '협력'을 나타낸다. 제아무리 지극히 관조적인 기독교 신비주의자라 할지라도, 언제나 그에게는 키레네의 시몬[24] 같은 무언가가 있다.

이제 도가 사상가의 경우에서 방임 상태를 살펴보자. 그것은 총체적이다. 물론 초심자는 단계를 거쳐 그 상태에 이른다. 하지만 그런 점진적 상승은 초심자만 관련되지 그 상태와는 무관하다. 그 상태의 절대 수동적인 성질은 아무런 신중함도 포함하지 않는다. 그것은 담론적 사유를 전제하지 않으며, 오히려 그와는 완전히 대립된다. 그리고 선불교의 사토리(깨달음)처럼 갑작스러운 계시를 통해 획득되고, 모든 사람들에게 똑같은 가치를 지닌다. 그것이 나타내는 무심은 기독교 신비주의자들의 무심과 아

다."(『대담』, I) 〔앙리 브레몽(1865~1933): 프랑스의 가톨릭 사제이자 역사가·문예비평가. 문필 활동에 전념하기 위해 재속(在俗) 사제가 되었다. 『종교적 감정의 문학사』라는 미완성 대작을 썼고, 1925년 아카데미 프랑세즈 연설에서 순수시 논쟁을 일으켰다. 장-루이 귀에 드 발자크(1597~1654): '프랑스 최고의 서간문 작가'로 불리며 고전주의 산문의 발전에 기여했다. 저서로 문학·사상·도덕·정치에 대해 짧게 평한 『서간집』(27권)과 『대담』이 있다.〕

[24] 키레네〔북아프리카 리비아의 주요 도시〕의 시몬은 『신약성서』의 공관복음서에서 예수가 힘이 다하자 십자가를 대신 지고 걸은 인물로 알려져 있다.

무리 닮으려 해도 소용이 없다. 방향이 전혀 다르다. 왜냐하면 그것은 그 자체로 가치가 있기 때문이다. 반대로 기독교도의 경우는 신의 의지에 대한 동의의 이면에 지나지 않는다. 무심은 긍정적인 이상일 수 있거나(도의 경우가 그렇다), 보다 높은 집착을 나타내는 부정적 표시일 수 있다. 그래서 폴리왹크트는 그의 아내 폴린에게 무심해지고,[25] 타르튀프[26](폴리왹크트를 우스꽝스럽게 흉내 낸 인물)는 신을 제외한 모든 것에 무심하다고 주장할 수 있다. 어떤 것에도 무관심하지 않으며, 그 무관심을 인간의 죄라고 여기는 근대인에 대해서는 말하지 말자. 왜냐하면 그의 사고는 무언가에 '개입'하여 거기에 구속되지 않을 수 없기 때문이다. 그의 주요한 미덕은 '용기'(지혜라곤 없는 용기)이기 때문에, 무심은 비열한 상태이며 무위의 방임 상태는 비겁함의 극치라고 그는 주장한다. 이 말이 사실일까?

사실 방임 상태는 가장 어려운 것이다. 그것은 의지의 행위이다. 브레몽이 17세기의 어느 신비주의자에 대해 묘사하고 있듯이, "매번 시간이 울리고 나면 다시 감아야 하는 자명종 같은 것

---

[25] 코르네유의 비극 「순교자 폴리왹크트」(1643)에 나오는 두 인물. 로마 귀족 폴리왹크트는 명문가의 딸 폴린과 결혼하지만 폴린의 외도 사실을 알고 괴로워한다. 기독교로 개종한 폴리왹크트는 자신의 전부였던 폴린에게서 자유로워지고 종교적 열정으로 순교까지 한다.

[26] 몰리에르의 희극 「타르튀프 혹은 위선자」(1669)에 나오는 주인공. 그는 세속적 욕망에 무심한 독실한 신앙인처럼 행세하지만 흑심을 품은 사기꾼이다.

이다." 획득된 상태가 지속되면 그것과의 단절 행위에 필요한 용기를 잊어버린다. 수영하기가 쉬운 것은 물이 우리를 인도하기 때문이다. 하지만 그 불가사의하고 무서운 힘에 우리를 맡기려면, 발이 끝 모를 바닥까지 내려가려면 용기가 필요하다. 도가의 현자는 행동하는 사람보다 훨씬 더 큰 장애물을 이겨내야 한다. 그것은 내적 장애물로서, 충족시킬 수 없는 욕망이란 장애물이다. 그 장애물이 우리를 사랑하게 하고, 증오하게 하며, 선과 악, 참과 거짓 따위를 판단케 한다. 열자의 교훈적인 우화를 보면, 제자는 "긍정과 부정, 이익과 손해, 스승의 탁월함과 도반의 우정 같은 관념을 잃어버리는 데" 9년의 세월이 필요하다.[27]

따라서 무위의 방임 상태에 이르기란 쉬운 일이 아니다. 사람들은 그것이 자연의 흐름을 따르기 때문에 쉽다고 여긴다. 그리고 인간은 이 흐름을 거스르고자 할 때만 자신의 고유한 이름으로 행농한다고 생각한다.[28*] 하지만 그런 생각은 심히 잘못되었다. 그것은 용기가 지성을 대신했을 뿐 아니라 용기가 용기로 간주되기 위해 마음에도 없이 긍정되어야 했던 근대세계 전체의 오류이다. 어떤 경우에도 영웅·지도자·정복자는 찬양하고 본받

---

[27] 이 책 제1부 4장(108~109쪽) 참조.
[28*] 하지만 고대의 도덕은 "자연을 따르고, 자연에 따라 행동하는 것"이 가장 바람직하면서도 실현하기가 가장 어려운 일이라고 조언하고 있지 않은가? 우리는 이와 같은 역설적 성격에 대해 충분히 성찰해보았는가?

아야 할 인간 유형이 되었던 것이다. 심지어 야만적인 난폭자마저 극히 예찬되었다. 그렇다고 용기의 미덕을 찬양한 스탕달과 니체라는 위대한 정신의 소유자들을 탓할 수는 없다. 당시의 시대정신은 그런 지경이었다. 용기는 그것이 무엇인지 규명이 되든 안 되든 기준이 되었다. 그런데 역설적으로 이 시기보다 파스칼의 다음과 같은 말이 틀렸다고 주장된 적은 없었다. "일반적으로 나는 증인들이 죽음을 그대로 받아들인 명분만을 믿는다." 용기는 사이비 니체주의자와 도가 사상가에게 등가치로 나타나지만, 전자는 어리석은 것이다.

자연에 대한 신뢰

지금까지 우리는 도와 관련해서 완전한 해방에 대해 이야기했다. 그것은 사회적 관례로부터의 해방이고 당위적 도덕 원칙 따위로부터의 해방이다. 이런 점은 부정적 부분이다. 해방에는 목표가 있는데, 바로 그것이 긍정적 측면이다. 그것은 자연으로 돌아감이고 자연적인 충동에 무조건 따름이다. 왜 그런가? 자연은 그 자체로 좋기 때문이다. 그런데 중국 철학자들은 이 긍정적 측면을 부정적 측면보다 훨씬 덜 부각시켰다.

노자는 공자와 정반대의 입장을 취한다. 후자는 자연보다 인위를 선호한다고 비난받는다. 인간은 '잘 교육받아' 사회에 편입

되어 자신의 책무를 완벽히 수행할 때에만 행복하고 현명하다고 주장하기 때문이다. 하지만 이와 같은 인위주의를 과장할 필요는 없다. 왜냐하면 중국 사고는 본질적으로 자연주의적이기 때문이다. 공자의 가장 중요한 규범은 이렇게 요약된다. "아버지는 아버지답게, 아들은 아들답게, 스승은 스승답게, 신하는 신하답게 처신해야 된다⋯⋯." 이 말을 풀어보면, 각자는 자신의 사회적 직분에 충실하고 그것과 통합되어 하나가 되어야 한다. 그런 견해에는 공동체로서 인류의 형성에 깊은 신뢰 행위가 담겨 있다. 다만 이 공동체는 '조직화'되어야 한다. 그러나 도가는 조직화가 필요 없다고 생각한다. 불·공기·물·대지와 같은 원소들로 이루어진 원시적인 자연과 인간의 자연(문명화된 자연) 사이에 그 어떠한 차별의 계획도 구상해서는 안 된다는 것이다. 열자가 말하기를, 마음의 문을 활짝 열기만 하면 건강해질 것이며, 며느리와 시어머니가 다투는 것은 그들이 사는 집이 비좁아서 그럴 뿐이라는 것이다. 따라서 자연은 거스르지 않기만 하면 되는 내재적인 궁극성이 있다는 것이다. 그런 관점은 자연에 대한 오늘날의 견해와 철저히 반대된다. 현대인들은 자연이 인간의 가장 고상한 방향에 근본적으로 적대적이라고 생각한다. 인간은 무자비한 자연이 설치한 장애물들을 극복할 수 있는 프로메테우스가 되어야 한다는 것이다.

  신에 대한 믿음이 식은 탓에 자연관은 바뀌었다. 그러니까 자연이 호의적이지 않은 것은 신이 자연을 창조했기 때문도 아니고 신이 은총을 통해 자연을 바꿀 수 있기 때문도 아니다. 그로 인해 세계에 대한 비관주의가 비롯되지만, 그 비관주의는 인간에 대한 낙관주의와 함께한다. 이런 입장과 철저히 반대되는 도가의 입장을 보자. 여기서 우리는 그 어떠한 입증도 할 수 없는 하나의 전제와 마주한다. 어째서 자연은 어떤 사람한테는 좋아 방임해야 하고 어떤 사람한테는 나빠 개입해야 하는가? 이를 확증된 사실을 가지고 판단할 수 있을까? 물론 아니다. 왜냐하면 가치의 문제가 개입되기 때문이다. 좋고 나쁘고, 라는 이 두 입장이 가져올 수 있는 결과로 과연 판단할 수 있을까? 아니다. 왜냐하면 방임이나 개입은 똑같이 성공으로 이끌 수 있다는 게 입증될 수 있기 때문이다. 그러니까 상이한 영역에서, 즉 지혜의 영역에서는 개입의 거부(방임)가 성공으로 이끌 수 있고, 과학의 영역에서는 개입이 성공으로 이끌 수 있다. 어쨌든 인간으로 하여금 이런저런 판단을 하게 만드는 것은 그가 자라난 문명이다.

도가에서 자연에 대한 개념을 '낙관주의'라고 말하는 것은 잘 생각해보면 정확하지 않다. 그보다는 현자가 낙관주의를 획득하는 거라고 말하자. 그는 무심을 통해서, 그리고 우리가 볼 때 절망이라고 할 상태를 거쳐서 낙관주의를 획득한다 할 것이다. 이 낙관주의는 초월적 운명의 결정을 수정하는 어떤 신을 전혀 상정하지 않는다. 그보다는 반대로 초월적 운명이 현자를 신의 모습으로 간주한다.

결국 도의 목표는 인간으로 하여금 자신의 본성부터 다스려 자연을 다스리게 하는 것이다. 또 수명을 연장하고 만물에 대한 지배력을 확보케 해주는 것이다. 도가의 현자는 아르파공[29]이자 동시에 카이사르이다. 자신의 힘을 비축하는 에피쿠로스학파의 사람이자 그 힘을 증대시키는 마법사이다. 그는 현상을 현상을 이끄는 흐름을 따라가며 항구로 정해진 해안을 향해 저항할 수 없이 밀려가는 것이다.

"우리는 자연에 순응하면서만 자연에 명령할 수 있다." 베이컨의 이 격언은 도가 신봉자들에게도 해당된다. 하지만 그 방향은 참으로 다르다. 그들에게 중요한 것은 만물과의 친화력을 발견하고, 만물과 은밀히 공감하며 합일 관계에 있는 것인데, 이는 만물을 예속시키기 위함이 아니라 만물과 동시에, 만물과 함께 목표에 이르기 위함이다. 요컨대 흘러가는 대로 자신을 맡기기만 하면 된다. 물리학자의 행동은 전혀 다르다. 그는 감추어진 메커니즘의 가동을 유도한다. 반대로 도가 신봉자는 지식에 대한 갈망을 만족시킬 수 없다. 그는 안내자도 없이 어둠 속을 걸어간다.

사회학자들은 이것을 신비주의적 방법 또는 원초적 사유라 부른다. 물위에 떠다니기 위해, 수영하는 법을 배우지도 않은 채 파

---

[29] 몰리에르의 희극 「수전노」의 주인공으로 구두쇠나 수전노의 대명사이다.

도에 자신을 맡기는 자의 그런 일관되고 비상식적인 무분별은 어처구니없는 행동으로 보일 수 있다. 이 행동은 최소한 우리가 방금 말한 도가 신봉자의 사례에서는 성공할 수도 있다. 하지만 임상학이나 다른 모든 기법에서 그것은 과학기술이 결정적으로 몰아낸 조야하고 비효율적인 미신처럼 나타나고 있지 않은가? 이 질문의 대답은 정신적 존재로서 인간의 역량에 대한 조사가 완성되는 날에야 비로소 이루어질 수 있으리라. 우리가 진정으로 알고 있는 것은 '행동'의 조건뿐이다.(하지만 사용된 내적 힘의 성격은 알지 못한다.) 신체적 힘은 우리의 몸에 새겨진 신체적 구조들의 훈련에 달려 있다고 생각된다. 그런데 이 힘이 어떻게 그런 불가해한 방법에 개입하는지 알 수 없다.

그러니까 현자가 얻은 비할 데 없는 최상의 자유는 그가 행동하거나 지배하는 데 도움을 주는 게 아니다. 그것은 '상실의 의지'를 도야함으로써 무위에 자신을 내맡기고 무위에 자신이 지배받도록 도움을 주는 일이다. 만물에 대한 무의지적이고 숙명적인 지배가 시작되는 때는 바로 이와 같은 상실이 총체적이 되는 순간이다.

신성모독과 반항의 길처럼 보이는 도는 기묘하게도 절대적 숙명으로 인도한다. 그 절대적 숙명은 이슬람교도의 숙명을 아무것도 아니게 만들어버릴 정도로 비교 불가능하다. 도의 길은 모든 것을 받아들이기 위해 모든 것을 부정하는 노력인가? 그러나

도는 '긍정을 부정으로 뒤집는' 변증법적 체계가 아니다. 도는 죄의 정화나 개종을 통해서 작용하는 게 아니다. 그것은 개인적인 금욕과 같다. 도를 따르는 자는 이 금욕을 통해서 인간 안에 있는 부차적인 것을 소멸시킨 뒤, 인간 자체를 구성하는 게 아니라 만물의 대등하고 미분화된 본질을 구성하는 꽉 찬 덩어리(순수한 기氣)만을 간직한다. 따라서 자유롭다는 것은 인간이 집착할 수 있는 모든 것으로부터 벗어난 상태를 의미하게 된다. 바로 그때 우주가 우리에게 관심을 갖는다고 도가 신봉자는 생각한다.[30*]

[30*] 십자가의 성 요한은 이렇게 말한다. "당신이 모든 것을 갖게 될 때는 아무것도 원하지 않고 가져야 한다."〔십자가의 성 요한은 16세기 카르멜 수도회의 스페인 사제이자 신비주의자로서 카르멜 수도회를 개혁했다.〕

부록 1
정적과 무위

기독교의 정적

   기독교의 정적靜寂에 대해 두 인물을 예로 들어보자. 하나는 우리가 참조 인용할 브레몽 신부가 드러낸[1*] 도미니크회의 수도사 알렉산드르 피니[2]이고 다른 하나는 페늘롱[3]이다. 두 저자를 예로 든 것은 신비주의자로서 무위적 방임 태도에 가장 긍정적인 가톨릭교도조차 —두 인물 가운데 한 명은 이 때문에 단죄되기까지 했다— 정적에 대한 감정은 우리가 방금 이야기한 도가의 세계와 참으로 멀다는 사실을 보여주기 위함이다.

[1*] 브레몽, 『종교적 감정의 문학사』, 제8장;『성인들의 형이상학』(제2권).
[2] 알렉산드르 피니(1640~1709): 프랑스의 도미니크 수도회 수도사. 신학박사로 파리에서 수련 수도사를 가르치는 스승이었다.
[3] 프랑수아 드 페늘롱(1651~1751): 프랑스의 대주교이자 신학자·저술가. 정통 신앙을 옹호한 자크 보쉬에와 정적주의 논쟁을 벌였다. 황태자의 교육을 위해 쓴 대표작 『텔레마코스의 모험』은 프랑스 고전주의 문학의 걸작이다.

1

피니 신부의 원칙은 그가 『무조건적인 사랑의 상태, 또는 신의 유일한 의지를 통해 완전함에 이르기 위한 행위』(1676)에서 쓰고 있듯이, "완전함은 무언가를 능동적으로 행하기보다는 방임하여 내버려둠으로써 얻어진다"는 것이다. 그는 이렇게 덧붙인다. "이 절대적인 수동적 태도와 이 성스러운 무심을 결코 어기지 말자. 성스러운 무심은 신이 하시는 대로 내버려두는 매우 강력한 성향이다."

피니는 '행위'와 '의지'를 구분한다. 능동적인 완전함으로 가는 금욕주의자의 유일한 이상은 자비의 실천이나 기도 같은 '행위'인데, 그 조건은 이 행위 또한 의지에 의해 활성화되어야 한다는 것이다. 그러나 보다 높은 상태는 정적 또는 수동적 완전함이다. 그 상태에서는 최고조에 달한 의지만으로 충분하며 '내버려두는 방임' 이외에 달리 생각할 대상은 없다. 무조건적인 사랑은 의지만으로 족하며, 비록 의지는 미덕의 행위들을 하지 않더라도 그 모두를 완벽히 실천하는 것과 마찬가지이다.

따라서 우리의 본성과 불완전함이 무조건적인 사랑을 실천하도록 기회를 줄 때마다 그 기회를 통해 우리의 본성을 받아들이고 불완전함을 사랑해야 한다. 죄가 아니라 유혹에 동의해야 하고, 육체의 감정과 희열을 두려워할 게 아니라 영혼이 동의하는지 또 만족하는지를 두려워해야 한다. 브레몽은 이와 관련해 이렇게 쓰고 있다. "내버려두는 방임은 사랑으로 변하고 절망을 신성시한다." 그리고 또 이렇게 말한다. "모든 것이 무조건적인 사랑의 불꽃을 태우기 위한 장작이 된다."

이러한 견해는 정통적 관점에서 보면 매우 위험하다. 설령 피니에게 무심이 신의 의지에 따르는 동의의 이면에 불과하다 할지라도 말이다. 피니의 입장에서 보면, 인간의 의지는 전적으로 수동적인 방임이어서는 안 된다. 그렇게 되면 절대적인 정적주의로 가기 때문이다. 그보다 인간의 의지는 자유의지가 사라진 뒤에 살아남는 존재 전체의 습관적이고 초자연적인 성향이어야 한다. 따라서 이상적인 태도는 깊은 수면과 같은 완전한 방임과 열기熱氣와 같은 지속적인 방임 그 중간을 택한다. 절대적인 정적주의와 금욕주의라는 두 개의 암초는 피해야 한다. 행동은 그것이 방임(또는 신의 의지)을 예고한다는 점에서 필요하다. 의지는 발휘되어야 한다기보다 방향 지워져야 한다. 그것은 행위로 시작하여 우리를 어떤 상태에 갖다 놓는다.

따라서 피니는 몰리노스[4]와 같은 정적주의자는 아니다. 인간은

---

[4] 미겔 드 몰리노스(1628~96): 스페인의 사제. 내적인 기도를 신앙의 핵심에 둔 정적주의자. 대표작 『영의 인도』(1675)는 예수회의 비난을 받고 금서가 되었다. 1785년 그는 이단죄로 종신형을 받고 투옥되었지만, 그의 사상은 프랑스의 귀용과 페늘롱에게 계승되었다.

먼저 '행동'을 한다. 그 다음에 방임 상태로 들어가는 것은 신에게 '행동'을 맡기기 위해서이다. 따라서 절대적인 수동성은 사실상 외적인 면에 불과하다. 피니는 타울러[5]의 다음과 같은 말에 동의할 것이다. "성령은 우리 내부에서 두 가지 일을 하는데, 하나는 우리를 비워내는 것이고 다른 하나는 비워낸 상태를 채우는 것이다."

페늘롱은 『성인들의 격언 해설집』(1697)에서 먼저 무심을 찬양한다. "올바른 영혼에는 두 가지 다른 상태가 있다. 하나는 성스러운 체념의 상태이고, 다른 하나는 성스러운 무심의 상태이다. 무심의 영혼은 자기 자신의 이익을 위해서 바라는 게 아무것도 없다. 누군가를 복종시키려는 타산적인 욕망도 더 이상 없다. 왜냐하면 사심 없는 욕망조차 더는 없기 때문이다."

"…… 영혼이 신 이외의 다른 여러 가지를 사랑한다는 말은 옳다. 하지만 영혼은 신을 즐겁게 하려는 의도로만 그것들을 사랑하는 게 아니라, 신이 베푸는 사랑으로 사랑하는 것이다. 왜냐하면 영혼은 신이 사랑하게 만드는 모든 것을 통해 신을 사랑하기 때문이다. 성스러운 체념이 고유한 이익을 신의 영광에 바치는

---

[5] 요하네스 타울러(1300~61): 중세 독일의 신비주의자이며 도미니코회 수도사. 마이스터 에크하르트의 제자로 바젤, 쾰른, 스트라스부르 등에서 설교가로 활동했다. 신앙과 교회제도의 본질을 깊이 인식함으로써, 루터에게 영향을 끼친 종교개혁의 선구자로 간주된다.

타산적인 사랑일 뿐이듯이, 성스러운 무심은 사심 없는 사랑일 뿐이다."(항목 V)

이와 같은 무심은 "바보 같은 무감각, 활동의 내적인 정지, 의지의 부재, 전체적인 정지, 영혼의 항구적인 안정" 따위가 아니라고 페늘롱은 분명히 강조한다. "반대로 그것은 보나[6] 추기경이 말하는 것처럼, 욕망하면서도 아무것도 욕망하지 않는 적극적이고 변함없는 결의이다."

또 페늘롱은 이렇게 말한다. "아무것도 원하지 않겠다는 절대적인 결의는 더 이상 무사무욕이 아니라 사랑의 불이 꺼진 상태라 할 수 있으며, 이 꺼짐이 진정한 욕망이자 의지이다. 따라서 결의가 이 정도까지 가면 이제 그것은 성스러운 무심이 더는 아니라고 할 것이다."

페늘롱에 따르면, 절대적 결의는 신의 의지에 대한 저항을 의미한다. 반면에 성스러운 무심은 신의 의지가 무엇이 되었든, 그 의지에의 동의를 의미한다. 그것은 욕망을 배제하지 않으며(물론 이 욕망은 사심이 없다) 욕망의 토대이다. 그것이 신비주의자들의 극단적인 상태처럼 포기로 변할 때에도 결코 사랑을 단념하지 않는다. 또 희망, 죄의 두려움, 분명한 신앙 따위와 같은 미덕을 결코 잃지도 않는다. 물론 '성급하고 불안한 흥분'은 피해야 하지

---

[6] 조반니 보나(1609~74): 시토 수도회 소속의 이탈리아 성직자.

만 "이 순간의 은총에 대한 변함없는 연합"이 필요하다. 신비주의자들이 활동이라 부르는 '신중치 못하고 조급한 열정'은 피해야 하지만, 방임이나 중립과는 아무런 공통점이 없는 신의 뜻과 일치하는 평온한 행동은 필요하다.

감정의 차원에서 중요한 결과는 영혼이 자기를 자책해서는 안 되고 신만을 위해서 자신을 사랑해야 한다는 것이다.(항목 XII) 신비주의자들이 말하는 '소유권의 포기'는 총체적이 되어서는 안 된다. 페늘롱은 무조건적인 사랑을 허용하지 않는 자들에 맞서 구송口誦 기도, 성경 읽기, 명상 같은 통상의 신앙 활동을 옹호한다.

관조처럼 영혼이 신에 완전히 몰입한 것 같은 놀랍고도 보기 드문 신앙행위에 대해 페늘롱은 이렇게 생각한다. "영혼이 신에 수동적으로 절대 복종하면 할수록, 자신이 해야 하는 것에 대해서는 더욱 활동적이 된다." 따라서 관조는 자유의지에 반하지 않는다. 그래서 칭송받을 만하다. 그것은 자유롭게 행동하려는 것을 막는 단순한 '힘의 억제'가 아니다. 전적으로 수동적인 복종 상태란 없다. 절대복종 상태는 세상과의 관계를 통해서만 존재하는 것이다. 그래서 영혼이 정신적 죽음을 통해서 자신의 신격화에 이를 수 있다고 믿어서는 안 된다. 아무리 훌륭하게 변화된 영혼이라도 죄를 지을 수 있다.

결론적으로 말해, "성스러운 무심은 사심 없는 사랑일 뿐이다.

시련은 성스러운 무심의 정화일 뿐이다. 단념은 시련 속에서 이 무심을 도야한다."

이상과 같이 페늘롱의 책에 나타난 그의 입장은 절대적인 정적 주의와 거리가 멀어도 한참 멀다는 사실을 알 수 있다. 그럼에도 그의 책은 단죄되었지만 말이다. 다음과 같은 두 가지 중요한 점에서 페늘롱은 보쉬에와 구분된다.

1) 그는 완전한 사심 없음을 가장 높은 경지의 사랑으로 본다.
2) 그는 무조건적 사랑이 '상태'로서 가능하다고 생각한다. 반면 보쉬에는 그것이 행위로서만 겨우 가능하다고 본다.

2

보쉬에는 『유죄판결 기록과 함께 오늘날 가짜 신비주의자들의 오류가 드러난 기도 상태에 대한 교육』에서 '가짜 신비주의자들'뿐만 아니라 신비주의자들에 대해서도 놀라운 혐오를 드러낸다. 그는 제르송[7]의 다음 말을 찬양하며 인용하고 있다. "예수 그리스도, 성 아우구스티누스, 성 베르나르는 신비한 교리를 단순하고 평범한 말로 표현한다. 그런데 단계가 떨어지는 신비주의

---

[7] 장 제르송(1363~1429): 프랑스의 신학자이자 종교 교육자. 신비주의 신학에 기초한 교과 과정을 정립했다. 『신비주의 신학에 관하여』라는 연구서가 있다.

자들은 구름 속을 뚫고 들어가 독자들의 시야에서 사라지려고만 하는 것 같다." 그는 얀 뤼스브룩[8] 같은 신비주의자들의 '과장'을 비난한다. 뤼스브룩은 영혼이 신성한 빛을 통해 신을 볼 수 있을 뿐 아니라 영혼 자체가 이러한 빛이라고 단언한다. 디오니시우스 아레오파기타[9]에 대해 보쉬에는 이 인물이 저술한 것으로 보이는 책들이 거의 알려지지 않은 채 있었다고 쓰고 있다. 그리고 수아레스[10]가 타울러를 "견해가 가장 확고하고 표현이 가장 명확한 신비주의자들 가운데 하나이지만 스콜라학파처럼 정확하고 섬세하게 말하지는 않는다"고 평가했는데 옳은 지적이라는 것이다. 어쨌든 보쉬에는 스콜라학파의 신학자들이 신비주의자들보다 더 바람직하다고 본다.

따라서 보쉬에는 정적주의의 제1원칙을 주저 없이 단죄한다. 이 원칙에 따르면 "관조 행위를 지속하는 데에 삶을 바치기만 하면" 충분하고, 따라서 "이미 자신을 바쳤기 때문에 다시 바칠 필요가 없다는 것이다." 마치 아내가 한 번에 결정적으로 정절을 지킨다고 맹세했기 때문에 다시 맹세할 필요가 없듯이 말이다.

---

[8] 얀 반 뤼스브룩(1293~1381): 벨기에의 신학자이자 신비주의자. 마이스터 에크하르트의 제자로 알려져 있다.
[9] 디오니시우스 위 아레오파기타(약 5~6세기): 시리아의 신비주의 신학자이자 철학자. 신플라톤주의를 발전시켰다.
[10] 프란시스코 수아레스(1548~1617): 스페인의 예수회 신학자이자 철학자. 토마스 아퀴나스 이후 가장 위대한 스콜라 신학자 가운데 하나로 간주된다.

이미 받은 다이아몬드는 새로운 주인이 계속해서 소유하는 것이지 선물을 준 사람이 증여 행위를 다시 할 필요가 없다는 것이다. 몰리노스에 따르면, 가장 중요한 것은 "우리가 신에게 바친 것을 다시 없애지 않는 것이다⋯⋯ 신의 의지에 대한 순응은 영원히 지속된다. 왜냐하면 가벼운 잘못은 이 순응의 본질을 파괴하지 못하기 때문이다." 그러니 이와 같이 자신을 한 번 바친 행위는 부주의에도 불구하고 또 잠자는 동안에도 영원히 지속된다는 것이다.

이와 같은 주장에 보쉬에는 아내와 반지의 비유가 잘못된 것이라고 이렇게 대답한다. "반지는 전통을 수동적으로 따르고 있는 데 반해, 아내는 자유의지를 가지고 있어 마음이 변할 수 있기에 '정절의 서약 행위'를 새롭게 해야 한다." 요컨대 정적주의자들은 현재의 삶을 가지고 미래의 삶을 이야기하고 있다는 것이다.

지금까지 보았듯이 가톨릭교가, 심지어 페늘롱의 경우조차도 진정한 정적주의와는 한참 거리가 멀다는 사실을 알 수 있으며, 몰리노스의 정적주의도 도가의 정적주의와 매우 거리가 멀다.

따라서 기독교의 (이단적인) 정적과 도가의 무위 사이에는 커다란 차이가 있다.

혁명의 불안

무엇보다 비非정적을 나타내는 혁명적인 태도와 도가의 무위 사이를 갈라놓는 거리는 훨씬 더 크기 때문에 둘은 완전한 대조를 이룰 정도다. 도가 '음양'의 대립관계를 통해, 또 생명들이 순환운동을 한다는 이론을 통해 마르크스-엥겔스의 변증법과 유사한 변증법을 포함하고 있는지 자문해볼 필요는 없다. 이런 유사성은 너무도 막연하기에 우리가 그것을 받아들이게 되면, 인도 삼키아 철학의 푸루샤나 프라크리티[11]와 결합된 삼사라(윤회)를 독일어의 'werden'(생성)과 함께 상기시키는 꼴이 되리라.

실천적인 영역에서는 그런 유사상이 있을까?

여기서 에티앙블을 인용해보자.[12*]

레닌은 '무엇을 할 것인가?' '어떻게 변증법적-유물론적으로

---

11 삼키아 철학은 천지만물의 근원을 우주의식으로 보며 이 우주의식은 남성 에너지인 푸루샤Purusha와 여성 에너지인 프라크리티Prakriti로 이루어져 둘의 상호작용으로 우주가 전개된다고 주장한다.

12* 에티앙블, 『세 사례의 압제에 대한 에세이』(퐁텐, 1947). 〔르네 에티앙블 (1909~2002): 프랑스의 중국학자이자 비교문학가. 시카고 대학, 알렉산드리아 대학, 몽펠리에 대학에서 프랑스 문학을, 소르본 대학에서 오랫동안 (1956~78) 비교문학을 가르쳤다. 젊은 시절 반파시스트로 활동하고 중국 공산주의 운동에 관심을 가졌다. 뛰어난 박사학위 논문(『랭보 신화』)과 중국 관련 연구(『공자론』 『중국을 아십니까』 『40년 동안의 나의 마오주의』) 등 방대한 저술을 남겼다.〕

행동할 수 있을까?'라고 자문하곤 했다. 그런데 매일 아침 태양이 다시 떠오르도록 하기 위해 행동할 필요가 있는가? 겨울이 지나 봄이 오고 그 뒤엔 여름이 오도록 하기 위해 개입할 필요가 있는가? 어떤 행위가 죽음의 원무圓舞——좀 현학적으로 말하면 자연의 질소 순환——를 멈출 수 있겠는가? 그렇다면 결국 돌고 도니까, '행하는 것〔爲〕은 행하지 않는 것〔無爲〕이다.' (아니면 행한다는 것은 행함이 없다는 것이다.) '현자는 마치 시체와 같다[13*]'고 열자는 쓰고 있다. 장자는 이렇게 말한다. '무위하라. 그러면 만물이 돌아가고 변화한다.' '만물의 생성이 자연적으로 이루어지도록 하라.' '그 누구도 인위적인 행동을 해서 자신을 위태롭게 할 필요가 없다.' 노자는 이미 이렇게 권고하고 있다. 행동할 필요성을 없애버리는 것이다. 역사가 무슨 소용이 있는가? 현자는 '세월을 잊고 지낸다.' 그는 외관상의 낭비·잔인함·무질서가 변증법적으로 객관적 질서에 속한다는 사실을 안다. 노자는 '천지가 부성하다'고 단언한다. 천지는 만물을 짚으로 만든 개〔芻狗〕[14*]처럼 취

[13*] 여기서 '시체와 같다'는 말은 사막에서 수도하는 기독교 수도사들의 '집단적 행동' 훈련을 일컫는 '시체처럼'이란 말과 아무런 관련이 없다. 도가의 현자는 홀로 관조하는 은둔자이다.
[14*] 이 표현은 분명하지 않다. 중국인들은 제사 때 개 형상을 한 짚으로 만든 허수아비를 태웠다. 스타니슬라스 쥘리앵은 이렇게 번역한다. "성인은 어떠한 책임이나 개입도 거부한다." 사실 잔인함을 고양시키는 것은 도와 무관하다. 〔스타니슬라스 쥘리앵(1799~1873): 프랑스의 뛰어난 동양학자. 중국어에

급한다. 그렇다면 현자는 백성을 그렇게 대하는 것 외에 달리 무엇을 할 수 있겠는가? 백성은 동요하거나 행동을 해서도 안 된다. 특히 움직이지 말아야 한다. 만사가 순조롭게 잘되리라. 별들은 제 궤도를 돌고 새들은 번식할 것이다. '특히 백성을 총명하게 해서는 안 된다.' 왜냐하면 '스스로 다시 이루도록' 조용하게 놓아두기만 하면 충분하기 때문이다.

입안이 가득할 때 현자는 즐거움을 느끼고, 그 느끼는 바를 표현하기 위해 자신의 배를 두드린다. 노력은 이 정도 성과에 그친다. 이처럼 도가사상은 그것의 형이상학과 객관적인 상호인과성에 합치하는 숙명론,[15*] 인본주의적 인간과 역사에 대한 완전한 무시, 진보에 대한 비웃음, 무위의 도그마 등을 표현했다. 도道의 '유물론적 변증법'이 지향하는 실제적 귀결은 모두 엥겔스와 레닌 일파의 이른바 "'유물론적인 변증법'이 만들어낸 실천praxis" 법칙과 정반대의 입장을 취한다.

정통하여 문법책을 저술하고 소설과 희곡을 번역했다. 노자의 『도덕경』, 당나라 현장의 『대당서역기』 번역으로 유명하다.〕

[15*] 리하르트 빌헬름은 도가 숙명적 법칙이 아니고 '의도적으로' 작용한다고 단언하지만, 몇 줄 뒤에 가서는 "대립적인 것들로 이루어진 세계의 변모는 어떤 불가항력적인 힘에 따라 이루어진다"라고 말한다. 〔리하르트 빌헬름(1873~1930): 독일의 신학자이자 선교사. 중국에서 25년을 보내며 한학가로 큰 업적을 이루었다. 서양에서 『주역』을 연구한 최고의 권위자이며, 『역경』을 최초로 독일어로 번역했다.〕

에티앙블은 물론 옳다. 그 어떠한 혁명론이나, 심지어 개혁론도 불안감이 없이는 구상될 수 없다. 그런데 무위는 적어도 노자의 후계자들의 경우 완전한 정적을 표현한다(부록2 참고). 도의 제1원칙에 대해 말하자면, 중국학 전문가들은 이 원칙에 비인격적인 숙명적 절대가 있다는 데 이견이 없다.

부록 2
활동과 무위

'무위'라는 용어의 의미를 한정하는 두 가지 해석을 살펴보자.
1)『도덕경』(상편)을 번역한 포티에의 견해는 이렇다.**16***

"노자가 표현한 무위는 활동이나 운동의 정지를 뜻하는 산스크리트어 '니브리티*nivritti*'에 정확히 부합한다.『바가바드기타』**17**(제16장 7절)에는 이런 구절이 있다. '악마에 사로잡힌 자나 사악한 자는 활동-*pravritti*도 비활동-*nivritti*도 알지 못한다.'**18**"

16* Lao-Tseu, *Tao-Te-King 1ᵉʳ*, trad. G. Pauthier, Paris: Firmin-Didot, 1838, p. 37. 〔기욤 포티에(1801~73): 프랑스의 동양학자이자 시인. 중국과 인도에 대한 많은 책을 썼고 마르코 폴로의『동방견문록』과 공자와 맹자 등을 번역했다.〕
17 힌두교의 주요 경전 가운데 하나로 세상에 참여하는 적극적인 행동철학을 담아내 유럽 지성인들을 매료시켰다.
18 어떤 것이 할 것이요, 어떤 것이 하지 않아야 할 것임을 모른다. 함석헌 주석,

"우리가 볼 때 무위라는 표현은…… 비활동을 의미하거나, 도가와 불가 그리고 인도의 수행자들이 바라본 관조적 정적주의 상태를 의미할 수밖에 없다. 이것은 인간이 지상에서 도달할 수 있는 가장 높은 절대의 상태와 같다."

"아마 노자는 무위라는 표현을 수도사의 과도한 신비주의와는 거리가 먼 철학적 의미에서만 사용했을 텐데, 그의 제자들이 그 의미를 이런 신비주의에 적용했다고 보인다. 그러나 사상체계를 만든 당사자들은 체계의 원리들을 확립하지만, 그들을 따르는 신봉자와 제자들이 이 원리들에서 논리적으로 도출하게 될 모든 결과를 다 예견할 수는 없다. 세상에 나온 하나의 사상은 사라지기 전에 온갖 형태로 발전하게 되어 있는 것이다."

"노자가 그의 추종자들이 무위에 부여한 의미나, 아니면 적어도 거기에 부여된 과도한 의도로 무위를 사용하지 않았다는 사실을 확인해줄 수 있는 근거는 이렇다. 즉 무위라는 말이 나온 같은 장^章에서 노자가 '성인은 말이 아닌 행동으로 가르친다'^{行不言之敎}[19]라고 말하고 있다는 점이다. 따라서 노자는 그의 추종자들이 생각하는 바와 달리, 생활에서 모든 외적 행위를 금지했던 것은 아니다. 하지만 이런 견해는 무위자연이라는 하나의 학설을

『바가바드 기타』, 한길사, 2003

[19] 노자는 『도덕경』 제2장에서 "성인은 무위로써 일을 처리하고 말이 아니라 행동으로 가르친다"라고 말한다.

총체적으로 파악하지 못하는 위험을 드러낸다. 이 학설을 제대로 이해하지 못하게 할 위험에 빠뜨린다는 것이다."

포티에는 무위라는 표현이 『중용』에도 다음과 같이 나타난다고 덧붙이고 있다. "…… 이와 같이 지극히 높은 신성한 경지에 이른 사람은 보이지 않아도 땅처럼 자신의 선행을 통해 밝히 드러난다. 움직이지 않아도 하늘처럼 무수한 변화를 일으킨다. 그는 무위하지만 공간과 시간처럼 완벽한 이룸에 이른다."(제26장)[20]

여기서 완전한 인간의 무위란 어떤 목적에 도달하기 위한 적극적이고 지속적인 모든 활동의 부재를 의미한다. 왜냐하면 그의 덕은 적극적인 협동 없이도 충분히 효율적이어서 이와 같은 목적을 이룰 수 있기 때문이다. 또한 이것이 진정 『도덕경』이 말하는 무위의 원초적 의미가 아니었을까.

2) 무위는 통상 'non-agir'(사물을 인간의 의지적 행위로 바꾸지 않음)로 번역되지만 가장 최근에 나온 황기아청[21]과 레리스[22]의

---

[20] 국내의 『중용』 해설서를 참고하면, 여기서 '지극히 높은 신성한 경지에 이른 사람'은 만물의 본성인 성性을 성誠으로 실천하는 자를 말한다. 이기동 역해, 『대학·중용 강해』, 성균관대학교 출판부, 2008(1991), 229쪽 참고.

[21] 프랑수아 황기아청(1911~92): 중국계 프랑스인으로 오라토리오 수도회 사제이자 철학자·번역가. 프랑스의 동양언어문명연구소 중국학 교수를 지냈으며, 노자 『도덕경』을 번역하고 『옌푸의 선언』 『중국인의 영혼과 기독교』 등을 저술했다.

번역본에는 'non-faire'(어떤 것을 존재케 하거나 낳는 주체적 행위를 하지 않음)로 번역되어 있다.[23*] 이것은 "부동 상태나 무기력 상태라는 관념과 혼동을 최소한 줄이려는 의도이다. non-faire는 모든 헛된 활동을 단지 삼가는 것을 말한다." 황기아청은 이렇게 쓰고 있다.

"무위의 해석은 『도덕경』을 이해하는 데 핵심 포인트이다. 왜냐하면 무위를 'non-agir'로 번역하면, 노자가 아니라 『도덕경』의 저자(내가 저자라고 말하는 이유는 노자에 관한 전설에는 확고한 역사적 증거가 없기 때문이다)는 정적주의적인 신비주의자로 간주될 수도 있기 때문이다. 반면에 무위라는 두 중국 글자를 'non-faire'로 번역하면 전설화된 인물인 노자는 '니브리티'의 신봉자들과 매우 거리가 멀어진다. 물론 우리가 장자나 열자 같은 후계자들의 텍스트에 기대면, 무위를 불교적 의미로, 심지어 기독교 신비주의(특히 십자가의 성 요한)의 의미로 쉽게 해석할 수 있다. 하지만 나는 다음과 같은 이유로 이런 식의 해석을 단념한다."

"① 『도덕경』 전체에서 '신비주의적'으로 간주될 수 있는 대목

---

22 피에르 레리스(1907~2001): 프랑스의 번역가. 셰익스피어, 멜빌, 예이츠, 디킨스, 스티븐슨, 드 퀸시 등 영미 작가들의 작품을 널리 소개했다. 특히 윌리엄 블레이크의 작품(전4권)은 뛰어난 번역으로 평가받았다.

23* Lao-Tzeu, *La Voie et sa Vertu*, trad. Houang Kia-tcheng et Pierre Leyris, Paris: Editions du Seuil, 1949.

은 네다섯 군데밖에 없다. 그리고 그조차도 설령 비의秘義적인 의미를 띤다 하더라도, 극단적 신비주의와는 상당히 거리가 멀다. 노자가 신비주의자라면, 이를테면 워즈워드 식으로 신비주의자인 것이다."

"② 『도덕경』의 몇몇 대목들에서 저자가 비판하는 것은 행동 자체가 아니라 어떤 특정한 목표를 위한 외적인 행동이다. 특히 제2장 두 번째 문단이 그러한데 문자 그대로 번역하면 이렇다.

'성인은 무위로써 다스리고 말없이 교화한다. 만물에 아무런 거절도 하지 않지만, 만물을 자기에게 예속시키지 않고도 생육한다. 그는 행하지만 자랑하지 않으며, 자기 일을 하지만 그 공적을 내세우지 않는다. 공적을 내세우지 않으니 누구도 그의 공적을 무너뜨리지 않을 것이다.' 여기서 '행한다agir, 爲'의 의미는 두 가지인 것 같다. 노자는 무위를 말한다. 그는 우선 이 말을 'sans faire'(무언가를 낳기 위한 주체적 행위를 하지 않음)의 의미로 사용하는 듯하다. 그러나 '행하지만 자랑하지 않으며'라고 말할 때, 그는 분명 '행동한다는 것agir'(도에 따른 행동)을 의미하고자 한다. 그런데 도는 어떠한 특정 목적도 겨냥하지 않고 작용하기 때문에, 도와 하나가 되는 현자는 행함이 없이 행해야 한다. 나는 포티에가 『도덕경』의 이 대목과 『중용』 제26장을 접근시키는 시도를 긍정한다."

"③ 노자를 장자와 비교하면 우리가 지금까지 말한 것보다 더 큰 차이를 알 수 있으리라. 즉 노자는 '백성을 구제하기' 위해 (공자나 맹자 같은) 동시대 사람들의 전반적 움직임에 동참하지만, 장자의 경우는 '개인적 구원'만이 문제된다. 따라서 노자가 『도덕경』을 쓴 이유는 '자신의 제자들'을 위해서가 아니라 군주나 정치가를 위해서였던 것 같다. 이 책을 읽다보면, 우리는 그가 통치술에 대해 강조하는 모습을 보이면서도, 백성의 일에 끊임없이 개입하는 'faire 有爲'의 정치에 반발하는 모습에 놀라지 않을 수 없다."

김웅권은 한국외국어대학교 프랑스어과를 졸업하고 프랑스 리모주 대학과 몽펠리에 3대학(폴 발레리 대학)에서 문학 석·박사학위를 받았다. 현재 한국외국어대학교에서 가르치고 있다. 그동안 바르트, 바슐라르, 리쾨르, 부르디외, 메를로 퐁티의 주요 저작을 비롯해 50여 권의 인문서를 번역했으며, 최근 『타자와 나, 숨겨진 진실』을 펴내는 등 대중 글쓰기에 전념하고 있다. 특히, 앙드레 말로 연구의 권위자로 국내외 학술지에 많은 논문을 발표했고, 『앙드레 말로: 소설 세계와 문화의 창조적 정복』 『말로와 소설의 상징시학: 『왕도』새로 읽기』 『앙드레 말로의 문학 세계: 동서 정신의 대화』 등의 저서와 프랑스국립과학원(CNRS)이 지원하여 프랑스에서 출간된 『앙드레 말로 사전』(공저)이 있다. 『앙드레 말로의 『인간의 조건』: 혁명을 통한 초월과 구원』을 출간할 예정이다. 옮긴 책으로는 『상상의 박물관』 『S/Z』 『타자로서 자기 자신』 『몽상의 시학』 『파스칼적 명상』 『행동의 구조』 등이 있다.

자유의 선용에 대하여

1판 1쇄 인쇄일 2018년 3월 20일
1판 1쇄 발행일 2018년 3월 25일

지은이 장 그르니에 **옮긴이** 김웅권 **펴낸이** 박희진
편집 안신영 **디자인** 정아름

펴낸곳 이른비 **출판등록** 2014년 9월 3일 제2015-000027호
주소 10517 경기도 고양시 덕양구 행신로 143번길 26, 2층
전화 031) 938-0841 **팩스** 031) 979-0311
전자우편 ireunbibooks@naver.com

ISBN 979-11-955523-6-8 03190

값 15,000원

• 잘못 만들어진 책은 구입하신 서점에서 바꿔드립니다.

이른비 씨 뿌리는 시기에 내리는 비를 말하며, 마른 땅을 적시는 비처럼 인간의 정신과 마음을 풍요롭게 하는 책을 만듭니다.